LGBTQ

子どもを育てられるなんて思わなかった

LGBTQと「伝統的な家族」のこれから

古田大輔〔編〕
杉山文野／松岡宗嗣／山下知子

山川出版社

目次

序章　広がる家族のかたち

２０１９年1月26日、私はある記事を公開した。大きなインパクトを社会にもたらすと予想はしていた。どうか、ポジティブな声が広がってほしいと祈った。日本の未来のためにも、小さな赤ちゃんとその家族のためにも。記事の公開作業をする指が、緊張で震えた。

BuzzFeed Japan のサイトで公開されたその記事「ゲイとトランスジェンダーと母と子　新しいファミリーが生まれた」は、想像を遥かに上回る祝福と歓喜で迎えられた。

私は２００７年に性的マイノリティに関する取材を始めた。この10数年、日本においても「ＬＧＢＴＱ」という存在が広く知られるようになり、理解が進んでいることは実感していた。それでも、ここまで圧倒的にTwitterやFacebookのタイムラインがポジティブな声で埋め尽くされるとは思っていなかった。この記事は日本における性的マイノリティに関する記事の中で、最もシェアされた記事の一つになった。

記事はトランスジェンダー男性の杉山文野さんと女性パートナーのカップルが、友人であるゲイの松中権さんから精子提供を受けて3人で子育てをしている、という内容だった。記事を公開してから、杉山さんや松中さんには性的マイノリティの仲間たちから「自分にも子どもを育てるという選択肢があることを知った」と感謝の声が届いた。

でも、杉山さんたちは日本で初の事例というわけではない。

杉山さんが子どもを欲しいと具体的に考え始めたのは、同世代のトランスジェンダー男性で、当時、「性同一性障害でも父になりたい裁判」を戦っていた前田良さんの家族と出会ってからだったという。第三者の精子提供でパートナーの女性が出産し、子育てをしている前田さん。その足元に「パパ！」とじゃれつく子どもの姿を見て、何かが変わったそうだ。

そう。実は日本にはすでに、子育てをしている性的マイノリティ当事者たちがかなりの数存在している。公的な統計や網羅的な調査がないために実数はわからないが、当事者家族をサポートする団体も複数ある。メディアなどで取り上げられる機会がほとんどないために、あまり知られていないだけだ。

アメリカの統計を見てみる。カリフォルニア大学ロサンゼルス校ロースクールの２０１８年のまとめによると、アメリカに住む70万５０００組の同性カップルのうち、11万４０００組が子育てをしているという。養子縁組、精子提供、代理母出産、など、子を授かる方法は様々。多くの当事者団体がサポートしており、「LGBT Parenting（ＬＧＢＴの子育て）」と検索すれば、たくさんの情報が見つかる。

一方で、日本では「ＬＧＢＴの子育て」について調べようにも、情報が不足している。実際の家族の状況を目にすることも少ない。だから、自分たちが子どもを育てるという未来像を描きにくい。杉山さんが前田さんに出会う前のように。

杉山さんから性的マイノリティの家族について一緒に本を書かないかと誘いを受けたときに、最初にふたりで話し合ったのは、子育てについて考え始めた当事者たちの参考になる本を書きたい、ということだった。同時に周囲で支える人たちも含めて、日本において何が課題かを気づける内容にしたいと考えた。

1章を担当した杉山さんは、自身と同じトランスジェンダー当事者に子育てについて聞いた。もちろん、同じ「トランスジェンダー」と言っても、それぞれの環境、カップルや子どもとの関係性は違う。一人ひとり、それぞれの家族の実像がある。

2章もそうだ。ゲイ当事者で性的マイノリティについて多くの記事を書いている松岡宗嗣さんが子育て中のレズビアンカップルや精子提供をしたゲイ男性に話を聞いているが、「同性カップル」というだけではくくれない多様性がある。

3章は朝日新聞記者の山下知子さんがレズビアンカップルとその親、そして支援団体に話を聞いた。子育ては親族、地域、学校など周囲との関係性が重要となってくる。

支援団体などの相談窓口の一覧を掲載した他、子どもとの法的な関係について詳しい山下敏雅弁護士へ取材した内容もまとめた。

4章は主に私（古田）が担当した。同性婚を国が認めないことについて、札幌地裁が出した違憲判決を中心に、性的マイノリティの家族に対する法的な課題がなぜ放置されているのか。司法と政治の両面から考えてみた。

5章は5月に行われた東京レインボープライド2021（オンライン開催）での座談会「多様な〝かぞく〟を考える」を収録した。選択的夫婦別姓、特別養子縁組、同性婚など、家族の多様なあり方に関して、当事者たちの言葉が多くの示唆を与えてくれる。

それぞれ独立した構成になっているため、どこから読んでもらっても構わない。自分に近い境遇の人たちについて知りたければ1～3章、支援団体などについては主に3章、司法や政治をめぐる状況については4章、日本の現状と課題を幅広く知りたければ5章がおすすめだ。

性的マイノリティの家族に対して、「伝統的な家族観を壊す」という批判がある。同性婚に関する批判の根源もここにある。そのことに関しても、4章や5章で触れている。詳しくはそちらを見てほしいが、ここで一言だけ触れておきたい。

伝統的な家族とはなんだろう。大切なのは「お父さんとお母さんと子ども」みたいな「かたち」ではなくて、そこにある「絆」ではないだろうか。伝統的に大切にされてきた絆を否定する家族は、この本の中に登場しない。むしろ、この本を読んだ人たちは、そこに強い家族の繋がりを感じ取るだろう。

冒頭に紹介した杉山さん家族の記事に対して、最も多かった感想は「おめでとう」という祝福だった。子育ては性的マイノリティであれ、マジョリティであれ、大変な苦労といらだちを伴い、ときには悪夢だと感じる。同時に、小さな存在の成長を見守る、例えようのない喜びがある。だからこそ、激励の意味も込めての「おめでとう」なのかもしれない。

もちろん、子どもを持てない事情がある人も、持たないという選択をする人もいる。願うのは、持ちたいと思う人たちからその選択肢が奪われたり、持てないと思い込ませたりしない社会だ。

登場する家族、そして、これから子育てを始めようとする全ての家族にも祝福を。読者の皆さまにもそう感じてもらえたら幸いだ。

著者を代表して　**古田大輔**

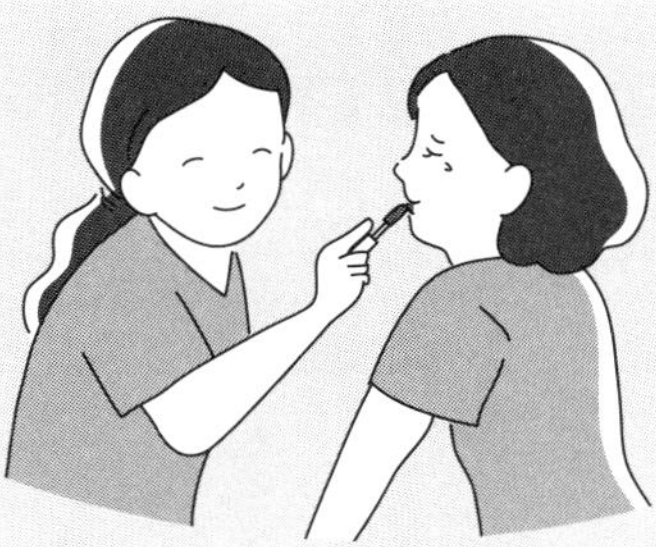

1章

トランスジェンダーと子育て

杉山文野

「女子」プロボクサーからパパへ

「朝起きると子どもたちがいる、今でも夢のようです」

そう笑顔で語る真道ゴー（34歳）と筆者は、知人を介して数年前から親交があった。共に「女子」として育てられたが、男性としての性自認を持つトランスジェンダー。筆者はフェンシング元女子日本代表、ゴーは元プロボクサー。共通項が多く、すぐに意気投合した。

ゴーはボクサーとして、第5代WBC女子世界フライ級王者まで上り詰めた。引退後はボクシングジムを経営し、Instagramにはジムの風景と共に、子育て真っ最中のまだ幼い双子の姿がアップされている。幸せで、充実した人生そのものだ。

だが、筆者は考える。子どもたちがいることを「夢のようです」と語るゴーの言葉に、どれだけの思いが込められているか。今は子育て中という同じ境遇であるからこそ、感じる重みもある。

改めて、ゴーの話を聞いてみたいと思った。彼の人生について。家族を持ち、子どもを育てるということについて。ゴーの人生を生まれたときから紐解いていくことで、今、自分の人生について、家族や将来について悩んでいる人に、何かヒントがあるはずだから。

小学5年生で言われた一言
「一緒にお風呂に入るのはあかん」

ゴーの本名は橋下めぐみ、１９８７年生まれ。

常に陽気でプラス思考の母、無口で不器用な優しい父。関西出身の両親のもと、姉と兄と共に和歌山の田舎で育った。

姉の遊びは楽しめず、兄とふたり、山で走り回って育った。とにかくやんちゃで、小学校に入ってからも男の子とばかり遊んでいた。

小学5年生になった頃、友達の母から言われた一言を今も鮮明に覚えている。

「あんた女の子やから、もううちの子と遊ぶのはやめなさい。泊まりに来ても一緒にお風呂に入るのはあかん。胸が出てきてるでしょ」

「女の子は裸になったらあかんのや……」。その頃から、自分の性に対する違和感が強まっていった。

中学生になり制服での登校が始まった。自分のセーラー服姿に嫌悪感を持ちながらも「自分は女の子だから嫌だと思ってはいけない、これが当たり前だと思わなければいけない」と自分に言い聞かせた。

クラスでの会話は当然のように恋愛話も増えていく。彼氏ができた、手を繋いでドキドキしたという話に「付き合うってそんな楽しいんや！」と思い、男性とお付き合いしてみたこともあった。

しかし、周りの友達が言うようなドキドキは全く感じられなかった。むしろ、仲良しの女の子に彼氏ができたと聞いて胸が痛んだ。自分はみんなとちょっと違うのかもしれない……、気持ち悪いと思われるのが怖く、その違和感を誰にも言えないまま中学を卒業した。

高校に進学してからも、自分の本当の思いは誰にも言えずにいた。

「やっぱりめぐみ、女が好きとかいう噂あるけど、ほんまはどうなん？」

「めぐみ、絶対そんなことないよなあ。ちょっとボーイッシュなだけやしな。もしそうやったら友達やめるし」

笑いながら言うその子のことがずっと好きだった。自分の気持ちは絶対伝えられない……。そう思う一方で、母親ゆずりのプラス思考で深くは思い詰めずにいた。「まあ、そのうちなんとかなるだろう」と。

初めて彼女ができたのはその後のこと、ボーイッシュなゴーに憧れる後輩とお付き合いすることに。しかし、それがばれないようにと同時に男子とも付き合っていた。「あんたは女の子なんやからこう生きなあかんねんで」。小学5年生のときに言われたおばちゃんの言葉がずっと残っていた。何で自分は男の子に生まれなかったんだろう……。その葛藤は、常にあった。

好きだから、一緒にいられない

大学に入り、人生のターニングポイントが訪れる。バスケ部の先輩に一目惚れしたゴーは2年ほど付き合った後輩に別れを告げ、先輩に猛アタックをした。

「その人はもう言うたら大学のアイドルみたいな。それこそ本当にモテて、なんかわからんけど奇跡的に付き合えたんですよ。初めて自分が心から『好き』って思ったというか、それまでの彼女のことも別に好きじゃなかったわけじゃないですけど、でも彼女は容姿も中身もすごい好きで。この人と一緒に生きていきたいって。今思えば、依存ですかね」

彼女の前だけではありのままの自分でいられた。彼女さえいればいいと思った。周りが見えなくなったゴーは同級生との関係を無下にするようになっていた。バスケ部内でも、みんなの憧れの先輩からゴーひとりだけがかわいがられているように映り、周りからしたら面白くはない。次第にゴーは孤立していった。

1年が経った頃、彼女に突然の別れを告げられた。その後パッタリと連絡が途絶えた。部活で毎日顔は合わせるも会話はない。理解できないゴーは早朝、彼女が体育館の鍵を開けに来るタイミングを待ち伏せて、なぜこんなことになったのかと詰め寄った。彼女からは意外な言葉が返ってきた。

「今でも好きや」

好きだから、一緒にいられない。部内で恋愛話になってもゴーの話はできない。親に前の彼氏と別れた理由を聞かれても答えられない。なぜ堂々と付き合っていると言えないのか。これ以上一緒にいたら、もっとゴーを好きになってしまうけど、一緒にいればいるほどみじめになる。所詮、ゴーは女だから。

泣きながら訴える彼女を見て、ゴーはその通りだと思った。自分が他の人と同じように「ふつうの幸せ」を願うのは、たんなる自分のエゴなのだ。自分が誰かを好きになればなるほど、大切な人を傷つける。これまではなんだかんだで人生はどうにかなるもんだろうと思ってきたが、どうにもならない現実を突きつけられた。

相談できる友達もいない、家族に言えば苦しむだけだろう。自分には生きる価値がないのだ……。ゴーはビルの屋上に立ち、死ぬことを考えた。しかし、「死ぬほどの勇気もなかった」

夜の世界へ

ちょうどこの時期、ゴーは「性同一性障害」という言葉に出会う。

1998年、埼玉医科大学で、日本で初めて公式に性別適合手術が実施された。そして2001年、国民的人気ドラマ『金八先生』第6シリーズでは性同一性障害の生徒役を上戸彩が熱演し話題となった頃だ。

LGBTQや性的マイノリティという言葉が、当たり前のようにテレビや新聞で語られるようになったのは、ここ数年のこと。20年前は社会が変化すると共に、インターネットの発達によって、少しずつ情報を得られるようになっていた。当時大学生だった筆者自身もそうだった。

ゴーは携帯をいじっていたときに見つけたその言葉から、自分と同じように悩む人がいることを知る。さらに関連するサイトを探して読み進めていくと、ゴーのような人でも採用してくれるという求人サイトに行き着いた。何の仕事かもわからないまま電話をすると即採用。大阪・北新地にある「オナベホストクラブ」だった。ゴーは何かにすがるような思いで夜の世界に飛び込んでいった。

「北新地っていうとこがどこかも知らなかったんですけど、ピカピカ光ってるところの地下街に行って、行ったらごついおじさんが出てきて、スーツを渡され『はい合格、明日から来い』と言われ、そこがオナベホストとか何かもわからず、携帯番号を聞かれたから、もう来やんかったらやばいんちゃうかと思って」

「でも、そこのオーナーがやたらとかわいがってくれる。なんでこんなかわいがってくれるんやろと思ったら、性転換した人やった。その人は来るお客さん来るお客さんに、『あ、この子は女の子として生まれてんねんけど男扱いしちゃってー』って言うからびっくりして。『いや、そういうのって人に言うもんじゃないんじゃないの?』って思ってたんですけど、お客さんは『そうかそうか。オッケー。かわいがっちゃるわ』って。19歳の私はもうほんまに衝撃でした」

本気で好きになった女性に「好きだけど、女だから付き合えない」と、自分ではどうにもならない部分を否定され、生きる道を見失っていたゴーにとって、その率直さは衝撃であると共に、あるがままの自分を受け入れてくれるものでもあった。

親には大阪でイベント関連の仕事をすると嘘を言って家を出た。金銭的な余裕がないにも関わらず学費を捻出してくれたのに、大学を辞めるのは心が痛んだ。しかし、もう後戻りはできなかった。中高でお世話になった女子の先輩が住んでいた大阪のアパートに転がり込んだ。この人にだったらカミングアウトできるかもしれない……。勇気を振り絞って打ち明けると、たった一言、「よな（そうだよね）」と。長い言葉は必要なかった。その先輩とは何でも話せる仲になった。

それからゴーは夜の世界にはまり、毎晩浴びるように酒を飲んだ。今まで隠していた自分のセクシュアリティをオープンに話せる、しかもそれをみんなが受け止めてくれる。初めて居場所ができたようで嬉しかった。一方で、これまでの、特に大学での一件が大きな傷となっていたゴーは、常に自暴自棄でもあった。

「お前見てたら腹立つんや」。ある晩、いつも通り接客するゴーに、突然常連客が声を荒げた。何百万円も稼ぐような、北新地でもトップクラスのホステス。ゴーはなぜ自分が怒られるのかわからず、反論した。自分だって毎晩がんばっている、何が悪いのか、と。

「そうや、お前はがんばってる。私はお前のこと大好きやで。人としてな。でもお前はどうせ自分なんかって心の中で思ってる。大学時代に何があったんか知らんけど、お前だけがしんどいと思うなよ。女として生まれて女として生きている私でも大変なこといっぱいや」

「女として生まれながら、男の心があるお前は、私よりきっともっと大変や。だけど、お前のこと指さして笑うような奴に負けたらあかん。まずは自分を認めてあげなさい。自分で自分のこと好きになれない人間は、人に大切になんてしてもらえへん。今、上手くいかないのは全部おまえ自身が悪いんじゃ」

最初は意味がわからなかったが、ゴーはこのときの言葉がいつまでも頭から離れなかった。考えて、考えて。ゴーは自分の人生が上手くいかない理由を、全て性同一性障害のせいにしている自分に気づいた。好きなスポーツをやめて、夢も恋愛も諦めて、友達なんかいらないと和歌山を飛び出して。逃げていたのは家族や友人からではなく、何よりも自分自身からだった。

「ありのままの自分で世の中と勝負してみよう」。家族や友達に全て話して一からやり直そう。決意したゴーは和歌山に戻った。20歳のときだった。

再スタート

母親に話があると伝えると「あんたが今から何を言おうとしようか、わかってる」と、泣きながら返された。母はこれまでもずっと気づいていたのだ。いつかゴーも女性として生きてくれるのではないか、親としてのそんなわずかな期待から逃れられず、母は自分から切り出すことができなかった。そのせいでどれだけゴーを苦しめたのかと、母は自分を責めていた。

「あなたが男だろうが女であろうが、私がおなかを痛めて産んだ子に変わりはない。あなたが笑って幸せに生きてくれることが、私の望みやで。今までごめんね」
「ただ、あなたの今してることはあなたらしくない。先のことを考えたら、確かに人よりも悩むこと苦労することあるかもしれへんけど、下を向いて生きてたら絶対にあかん、何があろうと前を向いてる人間には光が見えてくるってお母さん思うんや。だからお母さんと一緒に笑って生きていこう」

20年間背負ってきたものが、スーッと消えていくのを感じた。この母親のもとで生まれてよかった。ゴーも、涙をこらえることはできなかった。

この日を境にゴーは心機一転、「社会に役立つ仕事がしたい、そのためにもまずは体を鍛えよう」と、２００7年12月、和歌山市内にある近所のボクシングジムの門を叩いた。入門後すぐ、ゴーの身体能力の高さに目を留めた会長からプロへの転向をすすめられ、翌年2月に、早くもプロテストに合格。リングネームは真道ゴー。「真っ直ぐ信じた道を突き進む」という思いを込めた。5月にはデビュー戦を迎え、プロボクサーとしての人生がスタートした。

とはいえ、ボクシング一本で生計を立てられるのはほんの一握りのトップ選手だけ。「女子」プロボクサーならなおさらだった。ゴーはプロ選手になる道と並行して新しい仕事を探し、求人広告で見つけた冠婚葬祭に関する営業職に応募した。入社時に

「男として扱ってほしい」と伝えると、快く受け入れてもらうことができた。

冠婚葬祭の仕事ということもあり、入社日には店長からのプレゼントということで男性はタキシード、女性はウェディングドレスを着て写真を撮るというのが通例になっていた。同期入社はゴーを含め3人。ひとりは年配の女性ということで辞退し、ゴーはもうひとりの同期である5歳上の女性とふたり並んで写真を撮った。

それが今のパートナーであるアユミ（仮名）だった。

「その日にふたりで結婚式場に行ってお互い写真撮って、ツーショットでも撮られるっていう、なんかほんま運命みたいな日でしたね。けど入社初日なのに遅刻ギリギリに出社してきた彼女に対しては『こいつはなんやねん！』っていうのが第一印象で。しかもおとなしすぎて、こいつに営業なんて無理やろと。自分も彼女もいたし、向こうも彼氏もいて特に興味も無かったし、全然向こうのドレス姿も覚えてないんですよ」

同僚には初めての朝礼で自ら自身のセクシュアリティを説明し、本名のめぐみではなく学生時代からのニックネームであるゴーで呼んでほしいと伝えた。

「なんだか気持ちええなあ」。堂々と話すゴーは、皆に好意的に受け入れられた。ときにはセックスや体の話など、興味本位に聞かれることもあったが、それでもいつでも明るく前向きに過ごすゴーは社内でも人気者になっていった。そして、おっとりとマイペースな同期のアユミを、妹分のような感覚で面倒を見るようになっていた。

「男」へのこだわり

入社から半年ほど経った頃、会社の仲間たちとの飲み会帰り。普段通りアユミを家に送る道すがら、「ん？今日はなんか距離が近い？かな……」、いつもよりスキンシップが多いアユミが気になった。

「アユミちゃん、あんたのこと好きなんじゃない？」これまで同僚から茶化して言われても、そんなことは感じたこともなかったのだが、この日ばかりは「本当に自分に気があるのかも？」とさすがに少し気になった。しかし、翌日に手術を控えていたゴーは彼女を送りそのまま帰宅した。

ゴーはこのとき、女子プロボクサーと仕事の二足のわらじを履いていたが、学生時代にあった事故の痛みが残っている足首の手術を行う予定だった。翌日から約1週間ほどの入院生活中、人気者のゴーのもとには連日見舞いの客が訪れた。しかし、アユミからは何の連絡もない。気づけばアユミのことばかり考えている自分がいた。

「自分から『なんでお見舞いとか来てくれへんの？』って言ったら、『先輩からすごいしんどそうやったって聞いたから。なんか、あんたは人気もんやし、みんながお見舞いとか来てて自分まで行ったら悪いな〜って思って』って言うんで『いや、全然来なよ』って。それでお見舞い来たときに、『あ、かわいい！』って、意識してから初めて気づきました（笑）」

そこからゴーは彼女にアプローチを始めたが、当時アユミには結婚を意識している相手がいた。ただ、その彼との付き合いには不安があり、アユミ自身も迷っているところだった。

「そんな奴とは別れて、自分と付き合おう！」と言うほどの自信は、当時のゴーは持ち合わせていなかった。自分のセクシュアリティのせいで、結局相手を苦しめるだけなのではないか、最終的には離れていってしまうのではないか……。これまでの経験が、ゴーを臆病にさせていた。

大きなきっかけがあったわけではない。それでも、意識し合ってからは自然に距離が縮まり、アユミは前の彼と別れ、ゴーと付き合うことになった。しかし、すぐに付き合いがばれ、アユミは母親に猛反対を受けることになる。

理由はもちろんゴーのセクシュアリティだった。母親や兄弟と上手くいかなくなったアユミをみて、ゴーはこれまでと同じように自分を責めた。「自分と一緒にいることで大切な人を苦しめてしまう……」。こんなことばかりを繰り返している自分に対する自己嫌悪と彼女に対する申し訳なさが募った。

しかし、そんな弱音を吐くゴーに対するアユミの態度は毅然としたものだった。

「あー、ほら、また面倒臭いの始まった。はいはい、いいから早く寝てー」

セクシュアリティのことでゴーが落ち込めば、一緒になって落ち込んでしまうこれまでの彼女たちの態度とは違った。どんなにゴーが弱音をはいても「私が決めたことだから」と、凛とした態度は変わらない。それまで頼りない妹分としてしか見ていなかった彼女の強い一面に気づき、ゴーはますます彼女に惹かれていった。

「男とか女とかじゃなくて」

付き合って1年で同棲。3年が経つ頃には、互いを人生のパートナーとして大切に思い、結婚を約束した。しかし、結婚するためには戸籍の性別変更が必要であり、戸籍変更のためには、性同一性障害特例法に基づき、生殖機能を取り除く手術が必要だった。それでは、現役のプロボクサーを続けることは難しい。

戸籍変更のためには生殖腺除去手術を受けることを義務づけている日本の性同一性障害特例法に関しては、世界トランスジェンダー・ヘルス専門家協会が「科学や人権に基づき推奨されない」と改正を提言しており、ヒューマン・ライツ・ウォッチなど国内外の組織が問題視している。しかし、2021年現在においても、この状況は変わっていない。

もう一つ、葛藤があった。「女子」プロボクサーであることだ。男性と自認しながら「女子」のリングに上がり、「女子」選手と対戦している自分に対する迷いが強くなっている時期でもあった。

ボクシングは体を鍛えるために始めたわけで、「女子」プロボクサーになりたかったわけではない。アユミを待たせるのも申し訳ない。結婚のためにも早く治療を始めなければ……。ゴーはインターネットで調べた性同一性障害の総合治療を行うクリニックへ相談に行くことにした。

「戸籍を変えることが全てではありません。ここに相談にいらっしゃる方は、手術をして戸籍変更することがゴールだと思ってる方がたくさんいらっしゃいます。あなたの目はとても輝いていますよ。きっと、あなたが生きる場所を持っているからでしょう。自分の大事な居場所を捨ててまで戸籍を変えて生きていくことが正しいと私は思いません」

「もちろん、あなたの人生だから、あなたが決めることです。だからちゃんと自分自身の本当の気持ちと、彼女さんとご家族と話し合って決めてくださいね」

戸籍を変えて男になることしか考えていなかった当時のゴーにとって、担当医から返ってきた言葉は意外な答えだった。

「あの先生、何言うてるんやろう。今まで待たせて申し訳なかったな。ちゃんと戸籍変えるからな」。ゴーはクリニックの帰りの車中でアユミにそう伝えた。

「ダサい」

「え?」

いきなりダサいと言われたゴーは、その理由を彼女に問い直した。返ってきた言葉も、ゴーにとっては予想外で、しかし自分の心の中を言い当てていた。

「最初はあなたを男だと思って付き合ったけど今はもう、そうじゃないんよ。男とか女とかそんなんじゃなくて、あなたという人間と生きていきたいと思ってる。で、あなたはボクシングしているとき、すごい楽しそうやのに。男とか女とか、性別にとらわれたくないって言いながら、一番こだわってるのはゴーなんやない？」

「世の中いろいろ言う人おるかもしれへんけど、私はわかってるから。だから、一度決めたことを途中で投げ出す方が、男らしくないんちゃう？そんなに男にこだわるんやったら」


人の目ばかり気にして、大好きなボクシングを続けたいという本心をしまいこんでいた。アユミの言葉で、ゴーはふっきることができた。雑念を捨て、自分の好きなこと、やりたいことを成し遂げよう。それは「世界チャンピオンになる」こと。

プロボクサー真道ゴー

有言実行。ボクシングにがむしゃらに打ち込んだゴーは２０１１年５月、東洋太平洋タイトルを獲得。翌年７月の初の世界戦は判定で惜敗したものの、さらに１年後の５月、地元・和歌山での世界戦に勝利し、ＷＢＣ女子フライ級王者となった。

世界王者に輝いた後、自身のトレーニング時間と場所を確保するため、一念発起して和歌山市内にジムを開いた。そこからは経営者とプロボクサーの両立をはかり、さらに忙しい日々となった。

「結婚」という言葉を口にするようになってしばらくすると、子ども好きのゴーは、ふたりで子どもを持つ選択肢についても話すようになった。当初、アユミは子どもに関しては乗り気ではなかった。産むのであればゴーの子どもを産みたい、という思いが強かったからだ。アユミは第三者から精子提供を受けて子どもを持つくらいなら、ふたりで生きていくほうがいいのではないかと言った。

しかし、そんなアユミの心境も年月と共に変化していく。ちょうど30歳を迎えようとするアユミの周囲では「結婚した」「子どもが生まれた」という話題が増えていた。ゴーには自分を貫いてボクシングを続けてほしい、でも自分の将来に対する不安も強くなっていく……。揺れ動くアユミを見て、ゴーはプロボクサーとして最後の試合を決めた。対戦相手は女子選手で初めて3階級を制覇した世界ボクシング機構（WBO）女子バンタム級王者、藤岡奈穂子。ゴーが初の世界戦で敗れた相手にも勝ち、「女子最強」の呼び名が高い。

藤岡に勝ち、世界最強の名を手に入れ、次のステップに進もう。約10年に及ぶボクシング人生の集大成として、約1年半ぶりの世界戦に臨んだ。

２０１６年6月13日。後楽園ホールは熱気に包まれた。

「ゴー先生！がんばれぇー！！！！」和歌山からもたくさんの仲間が応援に駆けつけていた。ゴーが経営するスポーツジムやデイサービスに通う子ども。最後まで諦めない大切さを子どもたちに教えてきた自分が、倒れるわけにはいかない。

「ゴー！！いけいけーっ！！」筆者も気づけば大声を上げて応援していた。筆者とゴーは共にアスリートの世界で生きてきた。けれど、筆者がゴーと大きく異なるのは、現役中にカミングアウトできなかったことだ。

筆者だけではない。日本のスポーツ界でＬＧＢＴＱであることをカミングアウトしている現役選手は皆無に等しい。強い者が評価されるスポーツの世界で、マイノリティが居場所を見つけるのはいかに困難か。

「こんなことでへばるなんてオカマか、馬鹿野郎!」練習中にそんな言葉が当たり前のように飛び交う中でカミングアウトすることなど、筆者には考えられなかった。自分を男性と認識しながら「女子代表」であるという自己矛盾にも耐えられず、誰にもそれを相談できないまま逃げるようにフェンシング界から引退してしまった筆者にとって、セクシュアリティを公開しながら堂々と女子のリングで戦うゴーの強さは、なんとも眩しいものだった。

中盤、対戦相手の藤岡選手の頭がゴーの顔に当たり、左眼窩底と鼻骨を骨折。それでも、ゴーは倒れなかった。結果は0—3の判定負け。ゴーは引退を決めた。

後悔はなかった。やれるだけのことはやりきった。ここまでやりきることができたのは、アユミがいてくれたから。引退を決め、清々しい気持ちで次のステージへ。ゴーはアユミと共にアメリカへ飛び立った。

不妊治療スタート

アメリカで不妊治療を受ければ、ゴーの遺伝子を引き継ぐ子どもを産める可能性がある。そんな情報を知ったのは、とあるテレビ番組だ。性別適合手術を受ける前の自分の卵子を使って、不妊治療を行うトランス男性のドキュメンタリー。

トランス男性の摘出前の子宮から卵子を取り出し、第三者からの精子提供で体外受精させ、パートナーである女性の子宮で着床させるという方法だ。原則として代理母出産を自主規制している日本で実施するのは難しいが、海外に渡航すれば不可能ではない。

今までそういう選択肢を知らなかったふたりに、希望の光がさした瞬間だった。「ゴーの遺伝子を産める可能性があるのであれば、産みたい」。アユミはそう思ったという。

インターネットで情報を検索したが、日本語で得られる情報はどれもかなり高額で、現実的ではなかった。そこでゴーはボクシングのネットワークを利用し、アメリカ遠征した際に仲良くなった通訳に連絡を取った。状況を説明し、米国内でゴーたちが望むかたちで不妊治療を進めてくれ、費用も手頃な病院を探してほしいと伝えると、すぐにたくさんの情報を調べてくれた。ゴーとアユミは、紹介してもらったいくつかの西海岸にある医療施設を選択した。

ロサンゼルスから車で約1時間、アーバインという街にあるLife IVF Centerは米国でも有名な体外受精クリニックで、日本からの患者も数多く渡航している。患者の年齢や卵子の数、経済状態に関係なく、体外受精という選択肢を広く届けようというモットーがあり、評判が良かった。周囲の治安が良いこと、値段が良心的だったこと、スタッフに日本人がいることなど条件も揃い、引退したらすぐに不妊治療をスタートできるように通訳を通じてコンタクトをとり渡航を決めていた。

精子に関しては、Life IVF Centerも提携しており、実績数も多いアメリカの精子バンクを利用した。世界各国の精子が登録される精子バンクのサイトには提供者の身体的特徴だけでなく、学歴や特技、親戚の病歴まで、事細かな情報が記載されている。

病院近くのAirB&Bを借り、約2カ月滞在した。現地では日本語のできるスタッフが全て対応してくれ、週に1~2回ほど病院に通い、ふたりで体調のチェックや採卵の準備を行った。アメリカに行ったらこれもやろう、あそこにも行こうと話していたふたりだが、実際にはどこも行かずに滞在先でゆっくり過ごした。
プロボクサーとして、経営者として、この10年、ほとんど休みなく過ごしてきた。会社と自宅のある和歌山から大阪のジムまで、毎日車で送り迎えをしたのはアユミだった。二人三脚で走り続けたふたりが初めてゆっくりと過ごせる時間。朝起きて、散歩をして、買い物に行き、料理をする。これまでの様々な出来事を振り返りながら、これからの家族について語り合う。ふたりで過ごす穏やかな時間はかけがえのないものだった。

清潔感のあるクリニック、スタッフも皆対応は親切で丁寧だった。残念ながら検査の結果、アユミの子宮の状態が良くないことがわかり、一回目の渡航では受精卵を体内には戻さず、一旦帰国することになった。日本で心身共に調整し、二回目の渡航は約半年後、同じ場所に約1カ月ほど滞在した。今回は長期の休みを確保できず、なるべく短い時間でトライできるよう交渉した。

アユミは35歳を超えていた。検査結果は厳しいものだった。着床する確率は50％以下と告げられたが、可能性がある限りはトライしたいという思いで、受精卵を二つ体内に戻した。そのほうが妊娠の確率が上がるからだ。「なんとか一つでも着床しますように……」。願うように2日間を安静に過ごした後、検査結果も待てないまま帰国の途に着いた。

日本に戻り、薬局で買ってきた妊娠検査薬を試してみると、陽性反応が出た。半信半疑のまま病院に行って検査を受けると、二つとも着床していることがわかった。

「ほんまにできるのか？っていうような状態でまあ、病院行ってもふたりともほんまに心臓口から出るんちゃうっていうぐらい、ドキドキしてたんじゃないですかね。陽性やって、しかも二つもって言われて、本当に感動やった。嬉しいけど不安もいっぱいで、ネットでいろいろ調べて、調べれば調べるほど不安も多くて」

双子ということもあり、大きな病院をすすめられた。妊娠直後からアユミは出血がひどく、検査をしても原因がわからなかった。ふたりは不安な日々を過ごした。医者からはおなかの赤ちゃんは大丈夫だが、とにかく安静にするようにと言われ、そこから出産まで、アユミはほぼ寝たきりで過ごすことになった。

サプライズ結婚式

ゴーはゴーで慌ただしい日々を過ごした。子どもが生まれる前にアユミと籍を入れたい。アメリカから帰国後早々に男性ホルモンの投与を始め、約3カ月経った頃、タイに渡り性別適合手術を受けた。

「子宮・卵巣の摘出手術なしでも戸籍の変更が可能であれば、手術はしていなかったですね。迷いがなかったわけではないですけど、やっぱりその、嫁さんと結婚するっていう型にはまってたんですかね。健康なら無理に手術しないほうがいいに決まってるし。でもやっぱりかたちにこだわってるっていうか。子どものためとか、嫁のためっていうのは綺麗事で、ほんまは自分自身に自信がないというか。ちゃんと籍も入れて旦那になりたい、父親になりたいっていう、自分のためだったかもしれません」

タイから帰国後すぐに家庭裁判所へ申請を出し、戸籍の性別変更をした。ボクシング引退、アメリカでの不妊治療、タイでの性別適合手術、戸籍変更、そして、結婚。

この全てを約1年でやり遂げるのが、どれだけバタバタか。そして、この過程にはもう一つ、避けては通れない大きな問題が残っていた。アユミの両親の反対だ。

アメリカに不妊治療に行く頃には、アユミの母はふたりの関係に理解を示していたが、強く反対している父にはこれ以上触れないでほしいと言われていた。しかし、結婚式のことも子どものことも、このまま本当に言わないで進めていいのだろうか……。ゴーには葛藤があった。心配させてはいけないと、ゴーは体調の悪いアユミには黙って、アユミの父に会いに行った。

これまで隠れて付き合ってたことを改めて謝罪し、おなかの子どものことも報告をした。「自分のことをどう思ってくれても構わない、けれどアユミのウェディングドレス姿だけは見に来てもらえないか、なんとか結婚式には出てもらうことができないか」と懇願した。しかし、父が首を縦にふることはなかった。

同じ頃、ふたりは沖縄への社員旅行を計画していた。元々、結婚式を挙げることを望んでいたアユミだったが、体調のこともあり、無理ができない。そこでせめてウェディングフォトだけでも撮ろうと、社員旅行と合わせて企画した。全ての移動を車椅子にし、安静に過ごすということで医者にも了承を得ていた。

2017年7月、社員と共に沖縄に着いたふたりは、社員たちとは別行動で、純白のタキシードとウェディングドレスを身にまとい、撮影場所である会場に向かった。ふたりだけのウェディングフォト、の予定だった。

ドアを開けると、そこには社員たちだけではなく、地元の仲間たち、友人たちが並んでいた。そして、アユミの両親も。ゴーは、アユミの父に反対された後も、最終的にはアユミの妹経由で沖縄行きのチケットを渡し、来てほしいと伝えていた。ゴーからアユミへのサプライズ。

「お父さんは複雑な気持ち、反対な気持ちに変わりはなかったと思います。それでも来てくれたのは最後は娘に対する愛じゃないですかね。素晴らしいお父さんです。アユミはお父さんがそこにおるなんて絶対に想像もしてないし。そもそも結婚するっていうこと自体ばれてないかヒヤヒヤだったんですけど、天然だから気づいてなかったようで（笑）」

この日のことを、アユミは今でも夢のような1日だったと振り返る。沖縄での結婚式を無事に終えたふたりは、和歌山に戻って婚姻届を出した。

信じた道を突き進む

出産は帝王切開となった。自然分娩を予定していたが、それでは母子共に危険であると判断され、予定日よりも2～3週間早いタイミングでの出産となった。低出生体重児で生まれた双子の子どもたちはＮＩＣＵで過ごし、母子共に元気になった約1カ月後に退院。４人での新しい生活がスタートした。

朝起きたら子どもたちがいる、「夢のような生活」が始まった。

「『子どもを持つこと、好きな人と結婚することは夢や。それは叶えることのできない事や』って、自分に言い聞かせながら10代後半、20代前半おったんで。ほんまに想像してなかったことが目の前に起こってて。その生活に、最初は違和感がありました。だからよく嫁さんと『ほんまに自分ら親になったんかな？』なんて、はじめの頃はよく話してました」

孫ができたことで、アユミの両親との関係性は変わった。すぐに綺麗さっぱり何もなかったかのように、というわけにはいかない。アユミの両親は、未だに葛藤もあるのではないか、とゴーは言う。しかし、一緒にご飯に行ったり、旅行に行ったり、孫をかわいがってくれるだけで、今は感謝の気持ちしかない。

子どもができて一番変わったことは何か――、という筆者の問いに、ゴーは少し考えてからこう答えた。

「心配ごとが増えました（笑）自分が熱出てもこんな焦らんのに、なんで子どもが熱出したらこんな焦るんや、とか。死んでもうたらどうしよとか。こけて頭打ったらもう、どうしていいんかわからんていうか。楽しさも喜びも倍ですけど、心配も倍。今まで自分中心であった生活が、子ども中心の生活になったっていうのが変化かな」

そこには新米パパが誰でも抱える、ありきたりの悩みがあった。

ボクシングの引退試合から5年。ゴーは34歳になり、ふたりの子どもも4歳を迎えた。アユミもゴーの会社を手伝っているため、子どもたちはよくオフィスに来る。社員みんなにかわいがってもらいながら、すくすくと成長する姿が愛おしい。子どもたちには、生まれてくる過程について包み隠さず全てを話す予定だ。

障害のある子どもたちの体育指導など、仕事でも子どもの成長に関わるゴーは、自分に子どもができたことで、より次世代の育成に力を入れるようになった。

一人ひとりの特性を活かすこと、自分の頭で考えること、相手を思いやる気持ち、人とのふれあいなど、この不確実な社会の中でもしっかりと生き抜く人間力を育てていきたい。子どもの親として、現代社会を生きる大人として、しっかりとその役割と責任を担っていきたいと話す。

アユミと子どもたちはゴーにとっての宝物だ。そしてここに至るまでの全ての出来事に感謝したいという。引退した今も「真道」というリング名に込めた想いは変わらない。これからはゴーひとりではなく、家族と共に真っ直ぐ信じた道を突き進んでいく。

父は「ゆき」として生きる

ゴーのように性別適合手術を受け、戸籍を変更し、結婚し、第三者提供の精子でパートナーが出産する、というのはトランスジェンダーが家族を持ち、子育てする多種多様なケースの一つだ。筆者のように、手術も戸籍変更もしておらず、パートナーの卵子と筆者の親友からの精子提供で子どもを持つ例もある。

２０１９年秋、『できれば、女として生きていきたい』あの日、私は妻に打ち明けた。」というタイトルの記事が、インターネット上で多くの人にシェアされた。そこには「男性」として生を授かったトランス女性の人生が描かれていた。

「男性」として女性と結婚し、子どもをもうけた。葛藤の末に妻にカミングアウトし、パートナーや息子に受け入れられるストーリーに感動した。と、同時に筆者自身が抱えてきたトランスジェンダーとしての葛藤と重ね合わせ、家族や子どもとの関係をもっと聞いてみたいと思った。

生まれてくる子どもとの関係だけでなく、育ててきた子どもとの関係。ＬＧＢＴＱ当事者の一人ひとりに、違ったストーリーと家族の関係があるはずだ。

ツッパリ時代

待ち合わせ場所に現れた早乙女ゆき（56歳）は、小柄でこざっぱりした女性だった。いかにも世話好きそうなおばちゃん、と言ったら失礼だろうか。「自分にできることがあるのなら」と、今回の取材依頼も快く引き受けてくれた。

都内のデイサービスに勤めるゆきは、35年間生活を共にするパートナーのあずみと27歳の息子と共に暮らしている。39歳のときに開業した接骨院は軌道に乗り、ほどなくして埼玉に一軒家を建てた。家に隣接してつくった接骨院は数年前に息子に譲っている。

ここ最近では、ゆきのすすめであずみも美容に関する勉強を始め、現在は家族3人共に、人の健康に携わる仕事をしている。それぞれの仕事で忙しい毎日ではあるが、タイミングが合えば3人でご飯に出かける、そんな仲良し家族だ。しかし、今の関係性になるまでには、長い道のりがあった。

栃木生まれ、埼玉育ちのゆきは東京オリンピック開催に沸く1964年に早乙女家の長男としてこの世に生まれた。幼少期、ゆきの両親は仕事で多忙だったため、祖父母に育てられた。「祖父母はこの上ない愛情を注いでくれ、私は何一つ不自由のない暮らしをさせてもらいました。祖父母のことが大好きでした」とゆきは振り返る。幸せな幼少期だが、誰にも言えずに悩み続けていることがあった。男性であることへの違和感だ。

周りの友達がウルトラマンで遊ぶ中、リカちゃん人形で遊ぼうとするゆきに対し、明治生まれの祖父母は「男は男らしく、女は女らしく」としつけた。しかし、女の子たちにちょっかいを出すような男の子グループにはなじめない。

「かわいい色の服を着てはいけないのか？」
「スカートを穿いてはいけないのか？」
そんな疑問を誰にも言えないまま幼少期を過ごした。

初恋は小学校のクラスメート。かっこいい男の子に想いを馳せるも、もちろん誰に言えるわけでもなく胸にしまった。高学年にもなると、「やはり自分はふつうの男の子とは違うのではないか……」と、その葛藤がますます強くなっていく。

しかし、大好きな祖父母を悲しませるわけにはいかず、男らしく生きなければと自分に言い聞かせた。その強い反動は〝ツッパリ〟というかたちになって現れる。中高時代の髪型はリーゼントやパンチパーマ、制服は長ランにドカン、ワル仲間と過ごす日々だった。「今思い返せば、本来の自分が望む姿と正反対の世界に身を置くことで、精神の均衡を保っていたのかもしれない」と振り返る。

自分探し

アマチュア女装向け雑誌『くいーん』の存在を知ったのは、そんなツッパリ時代だった。性別にとらわれず、自分の心のままに好きなファッションを楽しむ、そんな雑誌の存在を聞きつけたゆきは、勇気を振り絞って上野駅前広小路口のアダルトショップへ足を運んだ。

手に取った雑誌のお友達募集コーナーを通して自分と同じような境遇のトランス女性と知り合った。大阪に住む彼女との文通を通して、初めてこのような悩みを持つのは自分だけではなかったと知ることになった。

1980年代、当時はまだインターネットなどなく、検索一つでどんな情報も手に入る今とは全く状況が違った。雑誌を通して得た貴重な情報をもとに、少しずつ「自分探し」をする他なかった。

高校を卒業した18歳の頃、皿洗いのアルバイトで貯めたお金を持って、『くぃーん』に掲載されていた新大久保の女装サロン「エリザベス会館」のドアを叩いた。エリザベス会館は月極めで自分のロッカーを借りるサロンで、メイクの講習やレンタル衣装、談話室などがあり、いつか行ってみたいと思っていた憧れの店だ。ゆきが初めて着たのは、イエローに白の水玉柄で、ウエストをリボンで結ぶフレアワンピース。今も鮮明に覚えている。

「変身するための衣装ではなく、普通の女性の服を着て、やっと本当の自分に戻れた気持ちになって感動したのを覚えています。店内は決して豪華ではなく、スタッフも数人しかいない小さな場所でしたが、私にとっては本当の自分に戻れるお城のような場所でした。そこに集う仲間は、私のようなトランスジェンダーや女装が趣味の方など様々でしたが、スタッフの方を含めてみんなで悩みを語り合い、おしゃべりに花を咲かせるひとときは夢のような時間でした」

それからゆきは毎週新宿に足を運ぶようになった。そこで女性の服を着ることが、自分を取り戻すために必要な時間だった。その頃から名乗るようになった〝ゆき〟という名は、実は大好きだった祖母の名前だ。

あずみとの出会い

話を少し前に戻すと、女装雑誌『くぃーん』を知ったのとほぼ同時期に出会ったのが、今のパートナーのあずみだった。当時はゆきの父の仕事が順調で、生活の羽振りも良く、家に友達を招いて遊ぶことが多かった。仲が良いグループ10人ぐらいで遊んでいるとき、友達の友達というかたちで家に連れられて来たのがあずみだ。第一印象は覚えていないという。「男性を見る目とは違うから」とゆきは笑う。

何をするわけでもなく一緒にドーナツ盤のレコードやカセットテープで音楽を聴い

たりしながらおしゃべり。紅茶にウイスキーを垂らして飲む、そんな背伸びをした遊びが楽しかった。

「今度ふたりで遊びに行かない?」と声をかけてきたのはあずみ。「いいよ」と返したゆきは、あくまでも女同士で遊びに行くような感覚だった。次第にふたりきりで過ごす時間が長くなり、「付き合おう」という言葉はなかったものの、周りからはそう見られてもおかしくない関係になっていた。

ゆきにとっては恋人同士というより大親友という存在に近かった。聡明で幅広く物事を理解し、人として魅力に溢れるあずみには、自分がなりたい女性像としての憧れもあったのかもしれない。一方、ゆきの内面を知らないあずみは、男性としてゆきを見て、惹かれていた。

自分の気持ちとは裏腹に、友達以上の男女の関係を求めるあずみにどう応じたらいいのか。このままあずみと一緒にいてもいいのか。悩んでいる間にもずるずると時は経つ。気づけば、ゆきにとってもあずみは、なくてはならない存在になっていた。週末ごとの新宿通いは続いていたが、祖父母や両親のことを考えると、このまま彼女と一緒になる方が幸せではないかと思うようにもなっていた。

あずみと出会ってから4年が経ったある晩。ふたりは一夜を共にした。「お酒の力もあったのかもしれないけど、なんでそういう気持ちになったのか、今でも正直よくわからない」と振り返る。ゆきにとっては初めての女性経験だった。そして2カ月後、ふたりで焼肉を食べているときに、妊娠を告げられた。

この子が一人前になるまで

その頃、あずみは薬品会社に就職していた。ゆきは専門学校を卒業し、柔道整復師として国家資格を取得したばかり。昔から人の体に関わる仕事がしたい、具合や体の悪い人の力になりたいという思いは強かったが、医学部を目指すも受験に失敗。たまたまの縁で、柔道整復師としての道で師匠と呼べる人物に出会い、いざこれからという矢先の出来事だった。

仕事は半人前。日曜日には彼女に嘘をつき、新宿で女としての自分をさらけ出す日々。そんな最中で彼女の妊娠に加え、大好きだった祖母が亡くなるという悲劇も重なり、パニックになった。彼女に嘘をついて男として生きていくのか、本当のことを告白すべきなのか……。考える時間は限られていた。しかし、どう考えても堕胎するという選択をする気にはなれなかった。

「もちろん頭をよぎらなかったかと言えば嘘になります。でも、やっぱり命だからね。どんな状況であっても、命は命だから。で、それが確実に自分の責任であるなら、自分はその命に対して責任を持たなきゃいけないっていう頭のほうが、全然強かったと思います。悩まなかったって言っても嘘だけど、でも、意外と、悩まなかったかもしれません」

男女としてとは言えないが、あずみに対して、人としての信頼関係は当時からも揺るぎがなかった。ふたりの関係について「夫婦」という言葉は使わなかったものの、一緒になってこの子が一人前になるまで一生懸命育てていこうと話し合った。

互いの両親に報告をし、小さな式を挙げて、一緒に暮らし始めた。ゆきはまだ駆け出しの仕事を少しでも早く身につけようと寝ずに働いた。子どもが生まれた日も、仕事で駆けつけることができず、ゆきが病室に到着したときにはあずみの隣のベビーベッドで生まれたばかりの息子がスヤスヤと寝息を立てて眠っていた。

へその緒が首に絡まった影響で、生まれた直後に産声を上げず、もうダメかと思い涙が溢れたと、あずみが後から教えてくれた。どれだけ心細かったことだろう。それでも駆けつけたゆきにあずみがかけた言葉は「お疲れさま」だった。しかも、笑顔を浮かべながら。ゆきはどう答えていいかわからず、ただ「ありがとう」と返した。

ベビーベッドを覗き込む。この子が自分の子どもなのか……。「かわいい」という感情が自然に浮かんできた。それと同時に、小さな命に対する大きな責任を感じた。このとき、ふたりは21歳。互いの両親のサポートを得ながら、3人での生活をスタートさせた。

「ゆき」と「パパ」の間で

あずみは仕事を辞めて子育てをし、ゆきが働いた。よりがんばらなければ、しっかり稼いで生活をしていかなくては……。駆け出しの整体師の給料だけでは足りず、知人に紹介してもらったスナックでのアルバイトも掛け持ちで始め、睡眠時間は毎日3〜4時間ほどだった。好きな仕事にめぐり合えたということもあるが、どんなに大変でもがんばれたのは家族のために他ならなかった。

「パパ」と言われることに、抵抗はなかった。

「子どもからすれば、どんな状況でもパパには変わりないですからね。男性とか女性とか、そういう次元は超えていました」。動物園に連れて行ったり、映画館で一緒にアニメを観たり、ケーキを食べに街へ出かけたり……。親子でキャッチボールをするような「絵に描いたような父と息子」とは違うかもしれないが、愛しい我が子と過ごす時間は幸せだった。

一方で、自分が女性であるという気持ちは片時も頭から離れることはなかった。結婚後も、毎週日曜日にはあずみに嘘をつき、歌舞伎町へと足を運んだ。

「週に1日だけは、どうしても私は私でいないといけなかったんです。良い先生にめぐり合って、自分の技術も向上して仕事も順調でした。でも……、でもやっぱり、『ゆき』としての自分がどっかにいないと心が成り立たなかった。もちろん子どもは子どもでかわいいし、だから究極の選択肢として、週に1回は嘘をついてでも新宿に行っていました」

職業柄、「学会がある」「他の先生とのお付き合いで」という理由は不自然ではなかった。それでも、毎週ともなれば無理がある。それでも、あずみは愚痴を言う訳でもなく、いつも笑顔で子育てとパートに励んでくれた。

それだけではない。健康な20代の男女で仲も良いのに夜の夫婦生活はない。そんな状況に時折寂しそうなあずみを見て、次第に彼女に対する申し訳なさが募り、二重生活に限界を感じていた。

そして、1年ほど悩んだある日、意を決して彼女に告白することにした。

あずみへのカミングアウト

その頃には仕事も少し落ち着き、収入も安定し始めていた。幼稚園の年長になった息子を両親に預け、ふたりでゆっくりご飯にでも行こうと誘い出し、新宿の京王プラザホテルにあるフレンチを予約した。
久々の「夫婦」水入らずの時間に、嬉しそうな顔を見せるあずみ。メインを終え、デザートが出た頃に話を切り出した。

「実は、話があるんだけど……」。覚悟は決めていた。本当のことを言えば、もうあずみとも子どもとも一緒にはいられないかもしれない。でも、これ以上この生活を続けることのほうが彼女に辛い思いをさせてしまうかもしれない。
言葉に詰まりながらも、自分の性に対する違和感や夫婦生活のことなど、これまでの想いを打ち明けた。

頭も勘も良いあずみだから、何かしら気づいていたかもしれない。しかし、当時は今とは時代が違う。辞書で「同性愛」を調べれば「異常性欲」と書かれ、「トランスジェンダー」という概念自体が一般にはほとんど知られていなかった。情報がほとんどない中で、大切な人からのカミングアウトをどう受け止めるのか。

あずみは怒るわけでも、大声を出すわけでもなかった。無表情でただ静かに涙を流す彼女を見るのは心が痛かった。彼女と一緒に子どもの父として生きていく決意をしておきながら、自分が女性であるという想いを墓場まで持っていけなかった。そういう自分が情けなかった。その日は無言のまま一緒に家に帰った。

それから数日間は沈黙が続き、重たい時間を過ごした。

「この前の話だけど……」、数日後、子どもが寝静まったある晩、今度はあずみから口を開いた。別れを切り出されるのではないか。自分には「それでも一緒にいたい」などという権利はない、彼女の判断に従うしかない、と言葉を待った。

「あなたは私に嘘をつき、私を今までの人生の中で一番傷つけた人。でも、あなたの辛さ、子どもを愛し、親として責任を全うしようとしていること、そして私のことも愛してくれているのはわかります。私は人としてあなたが好きで一緒になりました。だからこれからも一緒に生活していくことに決めました」

涙をこらえることはできなかった。ゆきにとってはパートナーや子どもとの今後という意味合いだけでなく、新宿以外での人生初カミングアウト。人として、パートナーとして、彼女に受け入れられた嬉しさは言葉にできないほどの喜びがあった。改めて彼女の優しさや素晴らしさを感じ、ただただ感謝した。

その晩、ふたりはこれからのことを話し合い、いくつかのことを決めた。一番は息子のことだ。このことは息子が20歳になるまでは言わず、これまでと同じように精いっぱい息子を育てていくこと。また、人生のパートナーとしては変わりないが、お互いが満たすことのできない部分、お互いにボーイフレンドを持つことなどはOKにしようということだった。

もちろん、その晩だけで全てを話し尽くせたわけではない。この日から少しずつ会話を重ね、お互いの理解を深めていった。

記事に書けるような綺麗な話だけではないだろう。ゆきが誰にも相談できなかったように、あずみもまた誰にも相談できずに苦しんだのではないか。突然のカミングアウトから数日でこの結論を導き出したあずみの葛藤は想像もつかない。

いくら互いに様々な話をしたとしても、そこにはわかりきれない苦しさがある。筆者も自身を振り返ってそう思う。ゆきは、いくら理解してくれたとはいえ、あずみに対する申し訳なさや罪悪感は常に消えなかったという。

それでも、このカミングアウトによって、ふたりは人生のパートナーとして、より絆を深めていった。ゆきは大切な家族を守るため、これまで以上に懸命に働いた。

しかし、あずみに打ち明けたとは言っても職場やその他の場所で女性として振る舞えるわけではない。どんなに忙しくても、精神のバランスを保つために週に一度の新宿通いは辞められなかった。

息子へのカミングアウト

あずみに告白してから20年が経ち、息子は27歳となった。「父」と同じ柔道整復師という道を選んでくれたことは、親としての背中をしっかり見せることができた証のように感じられ嬉しかった。ここまで来たら、もう大丈夫。たとえ、親子の関係に何があっても、息子ひとりで生きていける。

そろそろ話すときが来たのではないか。自身も50歳という年を目前に控え、女性としての人生をこれ以上待つことはできない。あずみに、そのことを伝えた。

「『そうだね。もう50過ぎたらいつ死んじゃうかわからないしね』って。確かそんなことを言って笑わせてくれました。実際には複雑だったと思います。複雑だからこそ、そういった冗談を言って場を和ませてくれる、そんな人なんです」

夕飯時に息子にこれまでのことを打ち明けた。女性と自認していること。決して立派な親とは言えないかもしれないが、それでも親として何よりも息子を大切に想っていることを素直に伝えた。

「そうなんだ……」。黙って聞いていた息子は、一言そう言うと黙々と食事を済ませ、部屋に戻っていった。1週間ほどは「おはよう」程度で特に会話もしなかった。今度は息子の好きな寿司屋へ誘い、再び3人で食事をした。

あれから20年、時代は変わった。インターネットで「ＬＧＢＴＱ」「トランスジェンダー」など、検索すればそれなりに情報が出てくるようになった。この1週間で、何か自分なりに調べているのではないかと思った。その上で、もう一度きちんと話し合い、向き合いたかった。

「いいんじゃない？」息子の第一声に一瞬あっけにとられた。

「人はそれぞれ個性があるよ。他人に迷惑をかけているわけじゃない。お母さんは寂しかったこともあったと思うけど、受け入れた。僕も受け入れるよ。だって僕のお父さんであることに変わりはないし、そもそも同じ人間じゃない。否定することは人種差別みたいなもの。これからもお母さんを大切にしてあげてね」

まだまだ子どもだとばかり思っていた息子のことが、ひとりの人間として、大人としても頼もしく思えた。ゆきはただ「ありがとう」と一言、それ以外の言葉は見つからなかった。

少し落ち着きを取り戻したところで、改めて食事を楽しみながら話を続けた。これから日常生活でも性別を移行し、女性として暮らしていくことを考えているということも素直に打ち開けた。

「これからなんて呼ぼうかな？」

「ゆきさんでいいんじゃない？」

息子の問いに答えてくれたのはあずみだった。今では息子も「ゆきさん」と呼んでいる。

ママふたり

「最近では息子が私に何かねだるときなんか『ゆーきさん♪』なんて言ってきたりするんです。ちょっと甘やかして育てすぎたかもしれません。でも純粋にかわいいんですよね」

息子へのカミングアウトを無事に済ませたゆきは、ホルモン投与を始めた。今では、あずみも女性として生きるゆきを最大限に応援してくれている。化粧、ファッション、振る舞い方など、女性の大先輩として、そして人として尊敬するあずみからのアドバイスをもらえるのは本当にありがたいことだと感じている。

容姿が次第に本来の自分に近づいていく喜びの一方で、厳しい現実も突きつけられた。ゆきが経営していた接骨院は軌道に乗っていたものの、全ての患者さんに理解があったわけではなく、仕事に支障が出た。

いろいろ考えた末、店を息子に譲り、偶然出会えた歌舞伎町のデイサービス施設で働くことになった。セクシュアリティにも理解があり、自分のスキルも活かせる職場にめぐり合えたことは大きく、自分らしくいきいきと働く姿をあずみも息子も喜んでくれているという。

事業を譲ったことで息子から仕事の相談を受ける機会が増え、以前よりもむしろ会話が増えた。カミングアウトしたことで、ゆきが気を張らなくてよくなったのが大きいのかもしれない。息子も、ゆきが以前よりも話しやすい存在になり、コミュニケーションをとりやすくなったようだ。

先日は息子のガールフレンドを初めて紹介された。「ママふたりなんだ！」と無邪気に言う息子のパートナーと、ふたりでタピオカミルクを飲みに行った。今では定期的に自宅に遊びにくる息子のパートナーと共に、家族団欒の楽しい時間を過ごすこともある。こんなときが来るとは。想像もつかなかった未来に立っていることを、不思議に感じることもある。

立ちはだかる壁

本当の自分の姿で毎日過ごせるとは、なんて素晴らしいことなのか。経済的な面を見れば以前のほうがはるかに良い。しかし、それとは比べられないほど、充実した気持ちで満たされている。

ただし、全てが満たされているわけではない。立ちはだかるのは、法的な制度の問題だ。女性として暮らし始めたゆきだが、戸籍上は男性のままだ。そこは同じトランスジェンダーでも戸籍を変更した前述のゴーとは大きく違う。

日本では性同一性障害特例法によって、5つの条件を満たせば戸籍上の性の変更ができる。

一　二十歳以上であること。
（※成年年齢の引き下げに伴い、2022年4月1日から18歳以上に）
二　現に婚姻をしていないこと。
三　現に未成年の子がいないこと。
四　生殖腺がないこと又は生殖腺の機能を永続的に欠く状態にあること。
五　その身体について他の性別に係る身体の性器に係る部分に近似する外観を備えていること。

性別移行のための手術は身体への負担が大きい。実際にゆきは年齢的にも不安があるため、手術を受けていない。さらに、たとえ手術ができたとしても、現状の制度では戸籍変更をしようとすればあずみと離婚をしなければならない。

同性同士に対する「婚姻の平等」がない日本において、戸籍上女性同士の婚姻は許されないからだ。あずみや息子のことを考えるとそこまではできない。一方で、「男性」という表記のままの保険証やパスポートでは、生活の様々な場面に支障が出てしまう。戸籍変更をしていないトランスジェンダーである筆者も同様だ。

「もし10年若かったら……。後悔がないと言えば嘘になります。でも、今の若い世代はいいよね、と嘆く暇があったら、次世代のために何かのアクションをするのが自分の、そして大人としての役割かなとも思うんですよね。制度が変わり、トランスジェンダーに対する社会の理解が少しでも進むことを心から願っています」

親として

長時間にわたるインタビューだったが、一つひとつの質問にゆきは丁寧に答えてくれた。言葉の端々から、男性や女性という枠を超え、人としてあずみや息子を心から思いやるゆきの気持ちがひしひしと伝わってきた。

家族のためを想って50年近くも自分を押し殺して生きてきたゆきの日々の苦しさは

計り知れない。しかし、それほどまでに家族を想ってきたことがあずみや息子にもわかるからこそ受け入れることができたのだろう。

カミングアウトをしたら家族が壊れてしまうのではないかと長年思ってきたが、実際にはそれぞれが葛藤を越え、ゆきが自分自身を取り戻した今こそ家族の絆はより深まった。互いが相手や自分自身と真摯に向き合ってきたことが今に繋がっている。

息子がいたからこそがんばれたし、一つの命に対する責任を持つ、その過程であずみとの絆もより深まっていったとゆきは言う。

嫌なことも大変なこともたくさんあったが、子どもがいたからがんばれた。そして、子どものためにがんばったことは結局、一番自分のためになっている。そう語るゆきの今日があるのは、あずみと息子の存在があってこそだ。

家族は出会った瞬間に、生まれた瞬間にできあがるのではなく、お互いを想い、暮らしていく中で築きあげていくものだと、ゆきへの取材を通じて感じさせられた。家族のありようは、家族の数だけある。

父母と息子から母母と息子へ。困難を乗り越えて築きあげた唯一無二の宝。トランス女性として、親として、ゆきは今心からそう感じている。

取材を終えて

杉山文野

インタビュー取材を終えてから1年が経った頃、久々にゆきから連絡があった。地元で息子さんと一緒に治療院を開設した、近くに来た際にはぜひ寄ってくれとのことだった。

仕事を一緒にすることで、これまで以上に息子さんとの関係も深まるだろう。インタビュー中も息子さんの話をするときは特段ゆきの顔が緩んでいた。そんな嬉しそうな顔を思い出し、筆者もまたあたたかい気持ちになった。

ゴーのファミリーには新しい仲間が加わっていた。２０２０年10月に第３子が誕生したのだ。筆者も同じタイミングで第２子を授かったので、お互いに祝いの言葉を交わしながら近況報告をした。

「３人だなんてさらに忙しいだろうに、原稿の確認急かしちゃったりしてごめんね」

「いえいえ！遅くなってすみません！　文野さんも３人目いくんですか⁉」

なんて。2人目が生まれ、さらに賑やかになった自宅で最後の原稿と格闘中だった筆者は、3人の子育ての大変さなど想像しただけで寝不足になりそうだった。子どもたちの年も近いので、近いうちにファミリーで和歌山に遊びにいきたいと思っている。

今回ふたりには長時間にわたるインタビューに答えていただいた。どちらの話も一言ひとことにたくさんの想いが詰まっていたが、その想いをこれだけ言語化できるのは、それだけ向き合ってきた証だろう。家族と向き合い、社会と向き合い、そして何より自分自身と向き合ってきたからこその言葉の重みを感じた。

インタビューの最後、ふたりに同じ質問をした。「あなたにとって、家族とはどんな存在ですか?」

返ってきたのは全く同じ言葉だった。「宝物ですね」と。

もし、筆者も同じ質問をされたら、迷わず口にした言葉だろう。

これは決して「子どもを持てば全て解決」という単純な話ではないし、子どもを持たないという選択肢を否定するものでもない。

しかし、ふたりの話を聞き、さらに筆者の体験を重ね合わせて改めて思うのは、性のあり方に関わらず家族を持ちたいと願う人には、もっと多くの選択肢があるべきということだ。

パートナーや子どもを持ちたいと思ったときに「血の繋がりがないから」「法的な関係性が持てないから」「世間の目が気になるから」という理由で、子育てというこんなにも素晴らしい人生の機会をはなから諦めてしまうのはあまりにももったいない。いや、個人が諦めているというより、社会から諦めさせられてしまっている、この現状は絶対に変えた方がいい。

もちろん現実はまだまだ大変かもしれない。制度がないがゆえの差別や偏見は未だ根強く、個人の努力だけではどうにもならない現実もある。

そんな中、どんな人でも家族になることを諦めなくていい社会にするために、我々にできることは何なのか。

決して難しく考える必要はない。ありのままの家族の姿を、ありのまま見てもらうだけでいいのではないか。社会は確実に前に進んでいる。親3人で子育てする筆者のファミリーも、保育園の入園当初こそ物珍しく見られることもあったが、今では当たり前の景色になっている。園の先生方も僕たちの事情を知った上で対応は何も変わらない。パパ友ママ友と他愛もない会話で盛り上がり、週末には家族ぐるみで一緒に出かけるようにもなった。自信を持って「これがうちの家族です」と淡々と、そして堂々と日常生活を送ることが何よりも社会を変える力になる。

最近では下の子は離乳食が始まり、上の子はおしゃべりが上手になってきた。アンパンマンで埋め尽くされる狭い部屋に、ふたりの子どもたちが戯れ合う姿。この幸せな瞬間に自分が立ち会っていることを今でも不思議に思うことがある。

奇跡にも感じるこの景色が、日本社会全体にとっての当たり前の光景になってほしい。この子たちの未来のために、まだまだ自分にもできることがあるはずだ。ふたりとのインタビューを振り返りながら、そう強く思う。

2章

同性カップルと子育て

松岡宗嗣

あるレズビアンカップルの子育て

同性婚が法制化している国では、同性カップルの子育ても珍しくはない。一方で日本では、少しずつ増えてはいるものの、ほとんど知られていない。

筆者も自分がゲイだと自覚した小学校高学年の頃、誰に言われたわけでもなく「将来的に子どもを持つことはできない」と悟った。自分自身まだ子どもであるにも関わらず、ゲイとはそういうものだと思っていたのだ。

この考え方が変わったのはつい最近だ。きっかけは実際に子育てをする同性カップルに出会い、そして何より生まれてきた子どもと触れ合った瞬間だ。「自分も子どもを育てることができるのかもしれない」。そう思った。

いくつかの家族に話を聞いてみた。同性カップルで子どもを育てたいと思っても、情報が少ない。既に子どもを育てているような人が知り合いにいない、相談できる人もいない。みんな手探りで進めていた。

もし自分が今後子どもを持ちたいと思ったとき、どうすれば良いのか。先輩たちはどう決心し、どのように進めたのか。同じようにこれから子どもを持ちたいと思っている人たちに向けて、お話を聞かせていただいた。

恵子さん（59歳、仮名）と麻由さん（45歳、仮名）は付き合って10年になる女性同士の同性カップルだ。精子提供を受け、2017年の6月に麻由さんが子どもを出産した。

筆者は3人の自宅で子どもを育てることに至った経緯について、話を聞いた。もうすぐ3歳になるお子さんを膝に抱え、終始落ち着いた口調で語る麻由さんと、時折ツッコミを入れながら和気藹々と話す年上の恵子さん。そして、麻由さんに頭を撫でられながら、うとうとと今にも眠ってしまいそうな幼子。

〝典型的〟なかたちではないかもしれないが、寄り添う3人の姿に違和感は全くない、「家族」というパズルのピースがピッタリとはまっているように感じられた。

同性のふたりが家族として子育てをするに至った経緯を、その出会いから振り返る。

新宿二丁目のお店で

ふたりが初めて出会ったのは、レズビアン中心の客層で賑わう新宿二丁目のお店が主催したイベント。恵子さんは「麻由さんから声をかけられました」と笑いながら話す。

「話をしている中で、いきなり『付き合おうか』と言われたから、面白い子だなと思って『いいよ！』と返事をしたのを覚えています。もちろん『とはいえ冗談だろうな～』と思っていましたが」

ふたりは連絡先も交換せず、その日は帰宅。後日、偶然にも別の新宿二丁目のお店で再会した。当時、恵子さんは男性と結婚していたが、長く別居状態だった。

「もともと自分のことはレズビアンだと思っていたけど、いろいろな事情で結婚することになって。だいぶ歳をとってからたまたま友達に連れられて初めて新宿二丁目に行きました。『ああ、同じ仲間がいるんだな』と思うことができて、通うようになりました」

出会ってから半年で、恵子さんの家に麻由さんが住むようになった。「私が介護職で早番のシフトもあり大変だからというのもあって、同棲することになりました。通うより、ここでご飯や洗濯も済ませたら楽だし」と麻由さん。

「なんとなく、思っていた」

麻由さんは「前から子ども欲しいなとなんとなく思っていて、30代の後半には産みたいなと漠然と考えていました」と話す。

「これといった理由があったわけじゃないんです。私はただ働いて死んでいくのもなんだかなという気持ちがあって。生理中は体調も大変だし、『これは子どもを産むためのものなんだよなあ』と思いながら耐えてきたので、出産せず人生を終えるのがなんだか、という思いもありました」

麻由さんは恵子さんと出会うことになったイベントを振り返り、こう続ける。

「今思うと、一緒に子どもを育てられる安定した関係を築けそうな相手を探していたような気もしますね。恵子さんはとにかくいろんな意味で安定していて、子どもを持ちたいという気持ちを託せるかなと思って付き合いたいと思いました。やっぱり独身の身だとなかなか実行には移せなかったと思います」

子どもを産むことを決めたのはふたりの関係性が安定してからと考えていたという麻由さん。付き合って3～4年が経ち、麻由さんから子どもについて話を持ちかけた。

当初、「正直、あまり乗り気ではなかった」と恵子さん。

「私は正直子どもが苦手な部分もあって。私はひとりっ子で育てられてきょうだいもいないんですが、世の中の〝女性〟といえば、友達や近所の子がいると抱っこして『かわいいね～』とか言わなきゃいけないイメージがあるじゃないですか。それがなかなかできなかったんですよね」

子どもを持ちたいという人はレア

子どもを持つことに消極的な性的マイノリティ当事者は恵子さんだけではない。当時、ふたりの周りでも、「子どもを持ちたい」と思う女性の同性カップルは非常に少なかったという。

序章にある通り、アメリカではすでに珍しくない。しかし日本では、当事者の間でも、実際に子育てをする姿を見たり聞いたりする機会は少なく、自分たちが子どもを育てる姿を想像するのが難しい現状がある。こういう取材をしているが、ゲイ当事者の筆者もそうだった。

一方で、２０１９年に認定ＮＰＯ法人虹色ダイバーシティが行ったアンケート調査には、１２５人の当事者が「子育て経験がある」と回答しており、子どもを持つ性的マイノリティ当事者がいないわけではない。それでも、子どもを持つということにはっきりとネガティブな意見を言う人もいたという。

「新宿二丁目でも子どもが欲しいという人は結構レアで。子どもを持つことについて話したときに、レズビアンバーのママが『（親が女性ふたりだから）子どもが学校でいじめられるだろうし、かわいそうだろう』と言われることもありましたね」とふたりは振り返る。

子どもを持ちたいと願う麻由さん。消極的な恵子さん。カップルの間で子どもをめぐって将来像がすれ違うのは、異性同士でも起こる話だ。愛する相手の願いを聞くうちに、恵子さんの気持ちも徐々に変わっていった。

「自分とパートナーの子どもだったらまあいいか、それも一つの選択なのかな、と思うようになりました。以前、先輩から『あんたは動物がすごく好きだから、自分の子どもは絶対かわいがるわよ』と言われてて」

精子提供者が見つかった

子どもを持とう、とふたりの意見が一致してからも、決めるべきことはたくさんあった。別章で詳しく解説するが、同性カップルが子育てをしようとなると、いくつかの方法がある。どうやって子どもを持つか、どう育てるか。

最初から決めていたこともある。麻由さんが妊娠し、出産するということだ。「いろいろなパターンを考えてみたんですが、当時は手探りな状態でしたね」と恵子さんは振り返る。

「例えば、『友情結婚』や『疑似家族』。ゲイの男性とかたちだけの夫婦のように生活しながら、彼女と私の関係も続けるようなケースもある。でも、これは少し嫌だなと思いました。とにかく彼女と一緒に育てられるかたちが良いと思っていました。でも、出産するのは彼女なので、彼女の選択に任せようと思いました」

ふたりはインターネット上で精子提供者を見つけることに。候補者数人と実際に会って、話をして決断した。「提供者ってすごく大事じゃないですか。何人かお会いして、ひとり、とても性格が穏やかで、バランスも良くて、すでにお子さんがひとりいらっしゃる方と出会うことができました。何度か食事をし、性格的にもこの人だったらいいなと思うような方でした」

病院で提供精子によって妊娠・出産する場合、「ＡＩＤ（非配偶者＝第三者からの提供精子による人工授精)」と呼ばれ、日本産科婦人科学会が定める全国12施設しか基本的に対応しておらず、無精子症の婚姻夫婦や、トランスジェンダーで法律上の性別を変更し、結婚した異性カップルのみが想定されている。

民間精子バンクの利用は高額な費用が発生してしまうため、知人に協力を求めたり、恵子さんや麻由さんのようにインターネット上で提供者を見つけたりする例もある。

ふたりが困ったのは、相談する相手がほとんどいなかったことだ。問題があったときに、どうすればいいのか。法的な手続きはどう進めたらいいのか。病院への説明は?同じ経験を持つ「先輩」が周りにおらず、ネットで調べながらふたりで決めていくしかなかった。

最後は麻由さんの「やってみるしかない」という意気込みで進めていった。恵子さんもそんな麻由さんの気持ちに押された。今こうして取材に答えるのは、自分たちの経験が誰かの役に立てば、という思いもあるからだ。

自力で挑戦

病院での人工授精は同性カップルは想定されていないため、ふたりは「シリンジ法」と呼ばれる、先端がシリコンなどでできている管で精子をスポイトのように吸い取り、膣に入れる方法を選んだ。

「病院へは行きませんでした。『婚姻証明書を出してください』とか『旦那さんの保険証を提示してください』と言われたら難しいし……。精子提供者の方に家まで来てもらって、トイレで精子を出してもらい、自分たちで注入しました」

妊娠が発覚するまで、月に1～2回の頻度で約20回。トライしない月もあったため、1年以上かかった。「提供者の方も本当に大変だったと思います。私たちも、心が折れそうになるときもありましたが、乗り越えられました。落ち込んでいる暇もないくらい仕事も忙しかったし、他にやることもたくさんあったので」と麻由さんは笑顔で振り返る。

待望の子どもが

待望の子ども。妊娠がわかり喜びを感じたのと同時に、麻由さんの頭に最初に浮かんだのは仕事のことだった。「介護の仕事だったのですが、職場にはカミングアウトもしていないし、まして子どものことは伝えていません。妊娠したら重い物も持てなくなるし、他の人に仕事をお任せしないといけないけど、結婚していると言っていないからどうしようかなと……」

同性カップルで暮らしていても、職場にカミングアウトをしていない人は多い。だが、出産となると職場に話さないわけにはいかない。おなかは大きくなるし、出産も育児もある。

「妊娠6〜7週くらいで伝えましたね。結構つわりも酷くて、言わずにはいられないような体調にもなってきたというのもあって。でも、妊娠してこれだけ大騒ぎして、ダメでしたってのも嫌だなと思って不安な気持ちもありました」

「私が『シングルマザー』と伝えたことに対して、さすがに直接的にあれこれ聞いてくる人はいなかったですが、きっと裏では噂されていたと思いますね」

ふたりは区役所で病院の一覧をもらった。探したのは「無痛分娩ができる」、そして、「父親ではない人が分娩室に入れる」病院だ。恵子さんは「姉」として連れ添った。

「生まれるときに病院で『母親学級』という、食べ物や子どもとの接し方などのレクチャーを受けるんですが、若い男女カップルの中におばさんふたり。目立ってたかなと思いますね」

「恵子さんは病室で夜も連れ添ってくれたし、出産にも立ち会ってくれました。でも一度、私の失言で関係性を疑われることもありました。恵子さんに姉として来てもらっているのに、看護師さんの前で『私はひとりっ子なんです』と言っちゃって。その後聞かれることはなかったのでよかったですが、看護師さんも変わったふたりだと思っていたでしょうね」

豪快に笑いながら当時の状況を思い返すふたり。手探りでも、周りから好奇の目で見られても「やってみよう」という気概が伝わってくる。

親の理解

力になったのが親の理解だ。麻由さんは両親にカミングアウトをしていて、恵子さんをパートナーとして紹介済みだった。「精子提供で子どもを産むことについても話しましたし、特に反対はありませんでした」

麻由さんの母は以前にも性的マイノリティに関するイベント「東京レインボープライド」にも親として参加し、ふたりの子育ても応援してくれた。「母から反対されていたら、子どもを持つ道のりはもっと大変だったかもしれないです。出産してからも子育てをサポートしてくれてとても助かっています」

一方、恵子さんの母には、麻由さんとの関係は伝えていたが、子どものことを伝える前に亡くなった。「親がふたりとも亡くなったので、私はまさにひとりだったんです。それもあって、彼女と子どもと新しい家族をつくるのもいいかなと思うようになりましたね」

出産へ

出産に向けて、麻由さんは産休をとった。「ハアハアゼーゼー言いながら何カ月かがんばって、仕事を済ませてから産休に入りました。出産自体は無痛分娩にしたので大変ではなかったけれど、その前が大変でした」

子どもが生まれたとき、麻由さんは「私は仕事から解放されてやった〜という感じ」、恵子さんは「彼女は終始こんな感じですが、でも、出産前には『もし自分の身体が危険な状態だったら子どもを優先してくれ』って言ったり、命がけなんだなということを実感しました。体質や年齢の問題もあったけれど、本当によくできたねって」

感慨はすぐに過ぎ去り、子育ての日常が始まった。授乳と夜泣きで3時間ごとに起こされ、寝る時間はなくなり、「こんなん聞いてなかったよ！みたいな感じです（笑）。最近はようやく落ち着いてちょっと楽になってきました」と麻由さん。

まだ子どもは保育園に入る前。日中は基本的に麻由さんが子どもと共に過ごしている。恵子さんは会社ではカミングアウトしておらず、なかなか頻繁に会社を休むわけにもいかない。会社自体は子育て中の従業員をサポートしてくれるが、カミングアウトすることは難しい。

麻由さんの「帰ってきてよ〜」というツッコミに、恵子さんが「正直、どんなに言えたらいいかって思うときもあります」と苦笑する。これまで築きあげてきた職場の人たちとの関係性、キャリアがどうなってしまうのか。カミングアウトするのはそんなに簡単なことじゃない。でも恵子さんも子育てに関わりたい。その狭間の葛藤がひしひしと伝わってくる。

職業柄必ずしも土日休みではないため、ふたりの休日が合うことは少ない。必然的に休みの方が子どもを見る。どちらも休みの場合は、ジムや美容院など、お互いの用事を交代で済ませ、ふたりとも忙しいときは、麻由さんのお母さんが子どもを見てくれることもあり、助かっているという。

保育園に入るまでにも、ふたりの「関係性」についての説明で失敗した。保育園のお迎えがあるので、恵子さんが事前に挨拶に行ったときのことだ。

「保育園は区が相手なので、嘘はつけない。普段は『姉』と言っていることが多いですが、ルームメイトの友人という設定にしようとしたんです」

「彼女が先に私のことも保育園に伝えていてくれたので、当日受付の方から『ご友人の方ですね』と言われて、そのますんなり入れたんですが、中に入って別の保育士さんが私たちの関係性を聞いたときに、彼女が『姉です』と伝えてしまって（笑）」

「あちこちで使い分けると、本当にわけわかんなくなっちゃう」とふたりは笑いながら話すが、もし、同性婚が認められていたら、同性パートナーでの子育てが当たり前の世の中だったら、起こらない問題だ。

関係性をどう伝えるか

麻由さんは職場では「シングルマザー」。地域コミュニティでは、恵子さんは「姉」。

保育園ではルームシェアの「友人」同士という設定になっている。困難も失敗も笑顔で話す麻由さんだが「本当のことを言えば、ちゃんとふたりの関係性を伝えて楽になりたい」と漏らす。

だが、どこかでカミングアウトすれば、他の場所でも言わなくてはいけなくなるのではないか、と危惧する。「会社だけ言わないということはできるかもしれない。けれど、少なくとも地域コミュニティや保育園ではどこでアウティングされてしまうかわからない」と恵子さんも話す。

同性カップルの日常を描く人気漫画『きのう何食べた?』にこういうセリフがある。

〝ゲイってさ、ゲイっていう事を隠したいときに何がめんどいって「自分はゲイだ」って事だけについてウソをつけばいいってわけにはいかないところがめんどくさいんだよね。

例えば友達と「好きなコのタイプ」とか「どういうファッションが好きか」とか「どんな芸能人のどこが好きか」とか。大抵のゲイはそういう事についてもぜーんぶウソつかないとゲイだって事を隠していけないからすごい苦しいわけじゃん〟

嘘を積み重ねること。一つひとつは小さい嘘かもしれないが、積み重なるとその辻褄を合わせる作業がしんどくなる。常に脳内では０・５秒くらいのスピードで反射的に嘘をついていく。その瞬間はこなせるが、以前伝えた〝設定〟と矛盾しないように注意しなければならない。こうしたストレスが重なると、自分のプライベートに踏み込まれないように、深い会話にならないようになるべく避けるようになってしまう。

麻由さんと恵子さんはふたりで子育てをしながら、そのことについて自分が暮らす地域や職場、子どもが通う幼稚園でも、全てを明かせない。性的マイノリティに関する理解が広がりつつあるとはいえ、差別や偏見は今も根強い。

前述の虹色ダイバーシティの調査でも、カミングアウトしている範囲は約９割が友人と最も多く、家族、職場、地域と続く。子育てする上で鍵になる「地域」は約１割程度とカミングアウト率が低い。

職場でも、厚労省委託の職場実態調査では、性的マイノリティのうちカミングアウトしている人は2割に及ばない。

「そもそも自分たちのセクシュアリティすら全員には公表していないのでなかなか……。ただ、私はもう年齢も年齢で、小学校からの付き合いの友人たちには、私たちの関係性や子どものことも伝えました。実は私がレズビアンであることを薄々感づいていたみたいです」と恵子さん。

麻由さんは「これから区が委託しているNPOのファミリーサポートの方に来ていただくことになっているんですが、壁に貼ってある私たちの写真とかは外して整理しないと関係性がばれてしまうのでは、とかまずいなと思っていますね」と話す。

職場に言えないことによる課題

恵子さんは会社に対して伝える必要性について悩んでいる。「子どものお迎えをするにも仕事がある。私の働いている会社は子どもを育てている社員をサポートはしてくれるんですが、私は言えていないので……。『保育園で子どもが熱を出して帰らないといけない』とか、『朝少し遅れます』とか言えたらどんなに楽かなと思うことは多いですね。彼女の出産のときは、親類の病気と言って病院に駆けつけたんですが、まだ会社には言えないですね」

「やっぱり、言ったことによるメリットが全然なさそうだと思ってしまうんです。外資系企業で働いているレズビアンの仲間は、当事者が可視化されていて〝ふつう〟になっていていいなと思うことがあります。そんな環境だったらもしかしたら私も言えていたかもしれません。でも、きっと今職場でカミングアウトしたら、全然平気な人もいれば『あの人そっち系なんだ』とネガティブに捉える人もいると思います。まだまだ私も働かなければいけないので、なかなか難しいですね」

どうすればもっと会社でカミングアウトしやすくなるか。

「先にカミングアウトしている社員がいる場合は少し状況は違ったかもしれませんが、うちの会社の場合は私が初になってしまうんですよね。ということは、どういう反応が返ってくるのかわからない。もちろん伝えることで急遽のお休みを取りやすかったり、言いやすかったりするメリットはあるとは思います。でも、それだけ言うのはなかなか難しいなと」

同性婚ができることで公表しやすくなる側面もあるのではないかと恵子さんは話す。「法律があれば、会社も対応せざるを得ないと思うんです。みんなの考え方や社会全体として変わっていってほしいと思いますし、法的な部分も変わっていくと、というか少なくとも法律が変わればもう少し生きやすくなるのかなと思いますね」

地域や社会の中での子育て

地域の集まりに参加できるようになったのも、子育ての楽しみの一つだという。公園に散歩に出かけるだけでも、子どもを通じて顔なじみが増える。これまでふたりで住んでいるだけでは、できなかった縁が広がっていく。

「子どもがいなかったら繋がれなかった人たち」と、子どもを通じて繋がり、子どもも地域によりなじんでいくことに喜びを感じるという。

３人で動物園に出かけたこともある。一緒に手を繋いで歩くが、そこでも関係性の〝設定〟は「姉妹と娘」だ。恵子さんは「彼女が子どもみたいだから、動物園に行くと子どもは私に預けてひとりで観に行っちゃったりするんです（笑）」。周りからどう認識されようとも、ふたりはパートナーであり、子どもも合わせて家族だ。

「結局は男女でも、同性同士でも子育て自体は一緒だなと思います。仕事から疲れて帰っても、彼女と子どもの笑顔を見ると一気に吹っ飛びますね」という恵子さん。

しかし、子どもは幼稚園や地域での人との繋がりや、テレビを通じて少しずつ社会の〝かたち〟を学んでいく。最近、ふたりがドキッとさせられたことがある。子どもが男女夫婦の真似事をして「あなた、やめてよ〜」というような言葉遣いをしてみせたのだ。

「私たちの反応も見ていると思うんですよね」麻由さんはそう語る。恵子さんも複雑な思いを抱えながらも、どう伝えていくかを思いあぐねている。

「少しずつ社会の〝かたち〟がわかってきているんだと思うんです。私は外で『姉』と言っていますが、出会う人たちは男女の〝夫婦〟なわけで。みんな男女で、うちの家族のかたちとは違うということは当然気づいているんです」
「実際に『うちはパパいつもいないの?』と聞かれたことがあって、私は『パパはいるけど一緒にいないのよ、私たちはママと私と3人で楽しくしているよ、大好きだよ』と伝えています」

精子提供者の男性は、声をかけると顔を見に来てくれることもあるが、最近はめったに来ないという。今までは子どももよくわかっていない様子だったこともあり、来ても特に父親と紹介することもなかった。ふたりから時折子どもの写真や動画を送るぐらいだという。「これからは子どももわかっちゃうようになると思うので、お父さんどこにいるの?とか質問されたときに答えられるようにしておかないと、と思っています」と恵子さん。

男女が結婚し、子育てをする。この〝典型的な家族のかたち〟が法的にも社会としても「前提」になってしまっている。人々の会話やテレビ番組など、あらゆる場面でその「前提」がまぎれ込む。いつか子どもが自分の家族のかたちとの違いに戸惑うときが来るかもしれない。ふたりは悩みながらも、これが私たちの家族のかたちであること、これは典型的ではないかもしれないが、まぎれもない「家族」だと伝えていくのだろう。

〝ふつう〟の家族として

世の中に対しても、ふたりは「ふつうの家族として対応してほしい」と話す。

「法制度が整ってないというところや、多様性になじめない人が多いかもしれない現状ですけれど、私たちのようなカップルがどんどん増えているのは事実で、まさに〝過渡期〟だと思います。そんな中、こうして子育てをしているカップルがそれなりにいるんですよと認識してほしい」

世界の国々では同性婚が次々と法制化され、２０２１年時点で約30の国と地域に上る。２０２１年３月17日には、札幌地裁で法律上同性のカップルが結婚できないことは「法の下の平等」を定める憲法14条に違反するという歴史的な「違憲判決」が下された。すぐに同性婚が法制化されるわけではないが、「結婚の平等」の実現を目指した動きが加速している。

そういった流れの中で、社会の制度よりも先に、実態として「ＬＧＢＴＱファミリー」が増えている。それにつれて「自分たちも」と考えるカップルも増えてきているのが、この本を出そうというきっかけになっている。

「先輩」たちのリアルな声を聞き、課題や喜びを共有したいという思いでこの章を書いた。子どもを持つか悩んでいる性的マイノリティの人たちに、何かアドバイスがあるか聞くと、ふたりとも笑顔で答えてくれた。

「不安な気持ちもあると思いますが、生まれてしまえばそれなりになる。リスクばかり考えるのではなくて、飛び込んでみてもいいのではないかと思います。きっと楽しいと思います、というのはお伝えしたいですね」と恵子さん。

「妊娠出産の過程が結構大変で、妊婦さんってこんなに大変な思いをするんだなって私も知りませんでした。むしろこうした立場を経験できてよかったと思っています。子どもに関しても知識ゼロでしたし、自分が子育てに関われるとは思っていなかったので、よかったです。子どもを産める身体であるならば、産めるなら全然産んじゃってよいと思いますし、それをエゴがどうだとかでセーブしなくてよいと思っています。まずは子育てのためのベースをと考えがちだと思いますが、いつまでも待っているとタイミングを逃してしまうこともあるので、早めに踏み出せるといいなと思いますね」と麻由さんも続ける。

恵子さんは「子育てする上では異性も同性も一緒ですよね」と話す。

「会社から帰ってきて、家族がいて、笑顔があると嬉しい。これはもう同性同士でも異性間でも全く同じではないかと思いますね。子どもの笑顔を見れば疲れも吹き飛びます。あとは、子どもに対する責任が芽生えたというか、自分が守ってあげないといけないという気持ちが増しました」

麻由さんも同意する。

「安定した関係性があれば、周りの人に私たちの関係について伝えていないという点以外は同じ。〝ふつう〟の家庭だと思っています」

ゲイとして生きれば家族は持てないと思っていた

祐一さん（42歳、仮名）と和寿さん（49歳、仮名）は男性同士のカップルだ。2018年11月、女性の同性カップルに精子提供をして、子どもが生まれた。

子どもを持ちたいという祐一さんの気持ちから、女性の同性カップルに出会い精子提供に至った。しかし「精子提供」と聞くと、自分が子どもを持つというよりも、子どもが欲しい女性に〝協力する〟というイメージで、子どもとは関わらないものだという先入観がある。

だが、子どもを持つ上での関わり方や関係性はその「家族」によって様々だ。祐一さんと和寿さんは、なぜ精子提供というかたちで家族をつくろうと思ったのか。自分とパートナーとの関係、そして女性の同性カップルとの関係、自分の親や、そして生まれてきた子どもとの関係。彼らはどんな「関係性」を築こうとしているのか。

家族をつくりたい

ゲイとして生きることを受け入れるときに、子どもを持つことを諦めた、という人は少なくない。祐一さんも、そのひとりだった。「結婚し、子どもを持ち、家族で生きるという道はそもそもないのだと、ずっと思っていました」

そんな彼が子どもを持ちたい、と思ったのは28歳のとき。病気がきっかけだった。状態はあまり良くなく、死を意識した。そのとき、病院のベッドの上で「死ぬまでにやりたいこと」を10個書き出してみようと思った。自分でも意外な思いが自然と出てきた。「子どもを持って家族をつくりたい」と。

しかし、子どもを持つといってもどうやって?退院後も、話は具体化しないままに10年が経った。動き始めたのは、和寿さんと付き合うようになってすぐ、２０１６年3月だった。

東京都渋谷区・世田谷区でパートナーシップ制度が日本で初めて導入されたのが2015年。当時は日本で子どもを育てているゲイの知り合いはいなかった。ましてや精子提供をして子どもを持ったというゲイの当事者の話を聞いたこともない。特に具体的な行動を起こすこともなく、いつか子どもを持ちたいという思いは、心の奥底にそっとしまっていた。

あるとき、人材系の会社に勤める友人が新規事業で「子どもを持ちたいＬＧＢＴの人たちを繋げる」企画を始めるという。興味がないかと連絡が来て、10年前の思いが蘇った。

企画は結局、実現しなかったが、その友人の紹介で、その年の4月に子どもを持つために精子提供者を探しているという女性同士のカップルと会うことになった。

初回はその友人経由で。その後は、祐一さん和寿さんと女性同士のカップルの4人でスペイン料理屋で待ち合わせをした。ご飯を食べながら、子どもを持つことについて、お互いの考えを話した。「最初から子どもを持つことを決めていたわけではなくて、まずはお互いを知って、話し合いを続けながら考えていこうという感じでした」と祐一さんは振り返る。

それからも定期的に会うようになった。祐一さんと和寿さんは一緒には住んでいない。地方在住の和寿さんもタイミングが合えば参加するように。出会ってから1年半かけて、話し合いだけでなく、ときには一緒にクリスマスパーティーを開いて、お互いのことをより深く知るようになった。

実際に子どもを持つとしたら、どういう方法があるのか。子どもの認知など、法的な手続きはどうするのか。考えるべきことや話し合うべきポイントは山ほどあった。「妊活」する上でもコミュニケーションは欠かせず、「彼女たちも住んでいる場所が近い人がいいと思っていたみたいで、そこも偶然でした」

3人は性的マイノリティの子育てを支援する団体「にじいろかぞく」や「こどまっぷ」のイベントにも参加し、お互いの希望や不明点を書き出したりして、考えをすり合わせていった。実際に「妊活」を始めたのは、2017年8月。最初の出会いから

1年4カ月が経っていた。

議論したポイント

妊活に入るまでに決めたポイントはたくさんある。「にじいろかぞく」や「こどまっぷ」などから学んだ部分だ。

例えば、シリンジ法や病院での人工受精など、どんな方法でトライするか。上手くいかない場合もあるが、どのくらいの期間まで「妊活」を続けるか。家族にどう説明するか。子どもが生まれた後、養育費はどうするか。法的な認知は。子育てにどれくらい関わるか。子どもに出自を伝えるか、伝える場合、いつ・どう伝えるか。など多岐にわたる。

法的な手続きなどの詳細は別章で詳しく説明する。ここでは祐一さんたちが何をどう決断したかを紹介する。まず、妊娠の手法について。

子どもを持つには、自分たちで妊娠する以外にも養子などの選択肢がある。しかし、祐一さんたちの場合は、自分たちの精子や卵子での妊娠・出産を望んでいた。祐一さんと女性カップルはまず、それぞれ不妊治療クリニックに行き、検査をした。

「僕はひとりで行きましたが、待合室は女性ばかりでした。病室では、自分の状況を細かくお医者さんに伝えると反対されることもあるかなと思って言えずにいましたが、『おひとりで来られたんですか?』と聞かれて、検査の目的とか、最低限確認されるところは確認されました。自分の場合は精子の運動率と量を調べたんですが、検査結果は全く問題なくて安心しました」

次にどう受精するか。話し合いの結果、「シリンジ法」でやってみることになった。シリンジ法は、先端がシリコンなどでできている管で精子をスポイトのように吸い取り、膣に入れる方法だ。病院で受ける人工受精は異性間の夫婦が想定されているため、祐一さんと妊娠する女性を〝夫婦〟ということで受けることも可能ではあるが、しかし性的マイノリティ当事者の中には「関係性を疑われるのではないか」など不安を感じるという声もある。祐一さんたちも「いったんシリンジ法で」と決めたという。

時間をかけて議論したのは、認知などの法的手続き、そして、どのように子育てをしていくかについてだったという。

祐一さんたちの場合、祐一さんと妊娠・出産する予定の女性に、法的にも実質的にも婚姻関係はない。出産をする女性は産んだことで法律的にも「母」となるが、祐一さんは生物学的には父でも、認知をしない限りは法的には「父」になるわけではない。これはその後の養育や相続にも関わる、非常に重要なポイントだ。じっくりと話し合った。

自分たちにとって、そして、生まれてくる子どもにとって最善の選択肢は何か。自分たちで調べ、性的マイノリティ支援や子どもの権利に詳しい弁護士に相談し、さらに、イベントで知り合った司法書士に会いにいった。

「司法書士の方は僕らのようなケースの合意書を何件も作成したことがある方で、今後のリスクや、あらかじめ決めておいた方がいいことを教えてくれました。公正証書はこういう風にした方がいいとか、これについては逆に入れなくてよいですよといったアドバイスをいただき、みんなの意見をすり合わせました」

さらに祐一さんは「子どもを持つことというのは、自分の人生の優先順位を全て変えても、その子のことを優先するという覚悟が必要だと思います。基本的には彼女たちが子育てを担いますが、もしふたりに何かがあったらという覚悟は持ちました」と話す。

子どもには、父親が誰かだけではなく、母親カップルと祐一さん・和寿さんについての関係性も伝えることになっている。タイミングは話し合って決めるという。

「子どもの出自を知る権利は最大限尊重することが重要です。子どもの心情に配慮しながら、父親について伝えていくよう努力する。できるだけ定期的に話し合う機会を設けて、子どものためにできる限り協力するということを確認して合意書に書き込みました」

こうした話し合いを1年以上にわたり続けたことで「お互いの生活や子育ての希望、現実的なところで話し合うことができた」と祐一さんは振り返る。

子育てのコミット度についても、当初から相手の女性カップルは、あくまで子育ての主体は女性カップルでありつつ、祐一さんたちも関わってもらいたいと考えていた。祐一さんも、和寿さんが地方に住んでいることもあり、所々で子育てに関わっていきたいと思っていたという。

「定期的に関わりを持ちたいという点は合意してくれましたし、むしろ、向こうも〝近所のおじさん〟的に関わってほしいみたいな。もちろん僕も保育園の送り迎えなどはやりたいなとは思っていますが、状況を見つつとは思っています」

誕生

いよいよ妊活が始まり、1カ月おきに祐一さんが女性カップルの自宅を訪れ精子を提供した。翌月に生理が来るかチェックして、妊娠検査をして、と繰り返した。

「妊活アプリがあって、一番受精しやすい日がわかるんです。それをもとに日程を調整して、自分はなるべく4日前くらいから精子を出さないようにしていました。向こうの家のトイレで精子を出してキットに入れて渡すんですが、最初は正直気まずい感じもありましたね。回を追うごとにだんだん作業的になっていって、むしろよかったと思います」

6カ月後に妊娠が発覚。「とにかく嬉しかったですね。信じられないような気持ちでした」と祐一さん。パートナーの和寿さんは「僕はシリンジ法ではできないのでは、と思っていたので、『本当にできたんだ！』という気持ちでしたね」と振り返る。

つわりが酷かったことから、状態の悪いときは会いに行くのを極力控えた。出産への立ち合いはひとりしかできなかったため、女性パートナーに任せた。

生まれてすぐ4人のＬＩＮＥグループに連絡が入った。すぐに気づいた和寿さんが「おめでとう！」と返し、祐一さんが気づいたのは最後だった。

「子どもが生まれて何か病気がないかとか検査も必要なので、『無事です』とかいろいろ連絡もらう度にホッとした気持ちになりましたね」

「出産してすぐは会えなかったので、退院してから子どもと初めて会いました。もちろん早く会いたかったけど、出産は命に関わることなので。とにかく子どもとお母さんとが無事だったということが大事です」

初めて赤ちゃんと対面したときのことを、こう振り返る。

「今まで感じたことのない種類の喜びを感じました。人生でこんな喜びがあるんだというくらい特別な感覚です。今でも赤ん坊を抱いたときの写真を見ると、思い出しますね。すごく特別な気持ちになりました。ある意味では人生で一番幸せな瞬間だったかも」

それは、祐一さんが自身の母親から聞いていた感情だった。

「母に僕が精子提供をすることを伝えたとき、何気なく『人生で一番幸せだったときはいつ？』と聞いてみたんです。母は『子どもが生まれたとき』と言っていました。最初は母は精子提供に反対だったんですが、僕が『自分にもそういう幸せな瞬間があってもいいと思わない？』と話したら、母も『そうねぇ』と納得し始めたんです。子どもを初めて抱っこしたときに思い出したら、うちの両親もすごく声を弾ませて喜んでいました」

名前について

祐一さんの家には、子どもの名前が書かれた額が飾ってある。地方に住む和寿さんが月に一度祐一さんのもとに通うタイミングに合わせて、子どもにも会いにいく。「最近は日曜日の午前中に行って子どもと遊んで、ご飯を一緒に食べるときもあるし、食べないときもあります。会う度に大きくなるので、本当に成長ってすごいなと感じます。基本的に和寿が来るタイミングで行くんですが、自分の母親を連れていったこともあります」

「子どもと会える機会が増えても全然良いですが、今が少なすぎて寂しさを感じるということはありません。今までとあまり変わらない生活を送りつつ、向こうのカップルや子どもと会うことができて満たされていると感じています」

一緒にふたりで女性カップルの家にいくと、子どもは和寿さんにもなついているという。「和寿はなんだかんだ言いつつ子どもが好きで、よく遊んでいるんですよね」と祐一さんは話す。

生まれたときには、祐一さんの母親と兄からも乳児用品が詰まった「ベビーボックス」のプレゼントが贈られた。家族ぐるみの関係だ。

ふたりの関係性

祐一さんが精子提供をし、親権を持たないかたちで子どもが生まれるという選択について、和寿さんとはどういう議論をしてきたのか。

祐一さんは和寿さんとの関係が子どもを持つ上でも重要だと話す。「ふたりの関係が良い関係じゃないと、子どものことを話し合ったり、そもそも不安定だと子どもにも悪影響になってしまうかなというのはありましたね」

「友達は簡単に関係性を切れるかもしれないけど、家族とかパートナーは簡単には切れない。距離が近ければ近いほど、その関係に気を使わないといけないと思います」

和寿さんは、祐一さんから子どもを持ちたいという話を受けた際、当初はあまり乗り気ではなかった。「よく同性カップルが子どもを持つことに対して『そんな資格ないだろ』という人がいますが、正直気持ちはわからなくはないなと思ってしまうんです。生まれてくる子どもに、やっぱり重荷を負わせてしまうのが辛いなと思ってしまって」

それでも、時代は変わってきた。「今は転換期とも言えるかなと思ってきて、子どもを持ちたいという彼の気持ちを、否定はしたくないなと」「あと、彼はまあ自分が思ったことは曲げないので」と苦笑いしつつ、祐一さんの決断を応援する。「(子どもが) できちゃったならこれはもう、ね。」と、多くを語らないが、和寿さんもまた覚悟を決めていたことが伝わってくる。

何よりも愛情

祐一さんはこれまでセミナーで講演をするなど性的マイノリティに関する活動にも取り組んできた。子どもができてから「あなたが活動をするのは、周りや社会のためかもしれないけど、その子が生まれ育っていく社会が、子どもに限らず、他のＬＧＢＴＱのファミリーが生きやすくなることに繋がっているんだよ」と声をかけられたという。

「ハッとしました。自分にとっての活動の意味づけみたいなものも、子どもができてから変わってきました」

同時に、親としての気持ちはセクシュアリティによっては変わらないとも思う。「同級生で子育てをしている人との共通点ができたり、家族の時間を持ちたくて転職してきた同僚とか、子どもが風邪で……と言っている人たちの気持ちがわかるようになりました」

日常の小さな変化を実感し、そのことに喜びを感じる。一方で、今後に不安もある。「今はまだ子どもがかわいいかわいい〜という時期です。でも、本人が意思をしっかり持ち始めて、周りの環境と向き合ったときにどうするかという不安はあります」と率直に打ち明ける。

もう一つは、４人の関係性だ。「家族に対する考え方や子育てに関する価値観、当たり前と思う考えも一人ひとり違うから、ほどよくすり合わせる作業が大事だと思います。突き詰めすぎても良くないのかもしれませんが。今のところは話し合いを重ねてきたことに対して、お互いの関係性が変わったり想定外のことが起きたということはなくて、自分たちが上手くいっているのは、そこがほどよくいっているからなのかな」

子どもが成長して、もし家族のかたちについて違和感を持ったり、それを理由に壁にぶつかったときにどうするか。そのことについては覚悟しているという。

「子どもを持ちたいと思ったときに悩んだんですが、そもそも安定した衣食住があることや、子どもが『自分がしたい』と思えることを選択できる金銭面、そして何よりも『愛情』があることが大事だと思ったんです」

その上で、子どものことを考えるときに大事にしている二つの柱があると話す。

「一つは、話し合って一緒に決めるプロセスをお互いに大事にすること。想定できないことが起きることや、それぞれの考え方が変わってしまうこともあると思うんです。そのときに話し合う場を持つことが重要だと思っています」

「もう一つは、当然だけど、子どもを第一に考えるということ。子どもにとってどうかという視点を大事にしようという点でも、4人で共有できたことはとてもよかったです」

リビングのテレビ台にはスライドショー型の電子写真立てが置かれ、子どもの笑顔がうつる。「最近嬉しいなと思うのは、最初は反対していたうちの母親がとても協力的で、おばあちゃんモードでおでんつくってきてくれたりしたことですね」

祐一さんも和寿さんも、あたたかい笑顔で写真にうつる子どもを見つめる、次に会える週末を心待ちにしながら。

取材を終えて

松岡宗嗣

自分自身、将来的に子どもを持ちたいかどうか、想いは定まっていない。「子ども、育てでみたいね」とパートナーとなんとなく話したことはある。

そもそも「子どもを持つ未来」は自分とは無縁のものだと思っていた。突然その未来を想像することは難しい。ただ、2組の家族の話を聞いて、自分が子どもを育てる将来、その輪郭が少しずつ見えてくるようにも感じる。

同性婚の法制化を求める中で、「なぜ結婚したいと思うのですか」という質問を受けることがある。同様に子どもに関しても「なぜ子どもを持ちたいと思うのですか」と聞かれる。

逆に、いわゆる「マジョリティ」である、シスジェンダー・異性愛者の人たちは、（もちろん全員ではないが）なぜ「結婚したい」「子どもを持ちたい」と思うのだろう。結婚すること、子どもを育てることが〝自然なこと〟だとされる社会では、こうした問いをかけられること自体少ない。

「当たり前」「自然」「ふつう」こうした考え方は、結婚しない、子どもを持たない人たちに対する抑圧にもなり、同時に、性的マイノリティの当事者で、結婚したい、子どもを持ちたいと思う人に対しては「なぜ」という理由を強く求める不均衡が浮かび上がる。

同性カップルが子どもを持つことは「かわいそうだ」「子どものことを考えていない、エゴだ」、恵子さんと麻由さんがレズビアン当事者の集まりでかけられたこうした声に、筆者自身も共感してしまう時期があった。社会の差別や不平等を、当事者自身も内面化してしまう。

もし子どもが「かわいそう」なのだとしたら、それは勝手に「かわいそう」だというレッテルを貼る社会の側に問題があるのではないか。そう思えるようになった。

シスジェンダー・異性愛者の父母と子どもという家族は、確かに典型的なかたちかもしれないが、もちろんそれが「完璧」なかたちではない。家族のかたちに優劣はない。

恵子さんは仕事から帰ってきて、麻由さんと子どもの顔を見ると疲れが吹き飛ぶという。

祐一さんは子どもが生まれた瞬間、今までの人生で感じたことのない種類の特別な喜びを感じたという。

恵子さん麻由さんも、祐一さん和寿さんも、それぞれが悩み、葛藤しながら子どもと関わっている。性的マイノリティ特有の壁はあるかもしれない。でも、「子育て」をするその姿は、シスジェンダー・異性愛の家族と何が違うのだろうか。

２０１９年12月10日、フィンランドで新たにサンナ・マリン氏が首相に就任したというニュースが報じられた。同国で３人目の女性首相かつ、34歳と現職では世界最年少。一番驚かされたのは、マリン首相が母ふたりの同性カップルによって育てられた人だったことだ。

フィンランドでは２００２年に登録パートナーシップ法が制定されているが、婚姻法が改正されたのは２０１４年で、実際に同性婚が認められたのはマリン氏が首相に就任するたった2年前の２０１７年だ。北欧やヨーロッパ諸国の中では比較的動きが遅い。

獨協大学法学部特任教授・弁護士の斉藤実氏は、『学習院法務研究』の論説で、婚姻について性別に制限を設けないことに対するフィンランド国民の賛成の割合は、２００６年は45％だったのに対して、２０１５年は66％だったと紹介している。「10年経過しない間に、

20％以上も数字が伸びている」というが、それでも約3割は賛成ではないということになる。一方、日本でも同性婚をめぐる意識調査が行われているが、2015年時点で「賛成」「やや賛成」の人の割合が51・1％と同年のフィンランドの調査より少し低いが、これが2019年で64・8％に上っている。

性的マイノリティの権利保障が進んでいると言われやすいヨーロッパ諸国であっても、同性婚への反対派は一定いる。賛成の割合も日本と大きく異なるわけではない。それでも権利を保障するかどうかは、やはり政治の状況次第だ。

「結婚の自由をすべての人に」訴訟、札幌地裁判決では、同性愛がかつて精神疾患とされていたこともあり、同性婚に否定的だったり慎重な立場の人々がいることも事実だが、こうした考えは「限定的」に捉えるべきで、同性カップルを法的保護から全面的に排除していることを正当化はできないと指摘している。金沢大学国際基幹教育院准教授の谷口洋幸氏は、時事通信に寄稿した記事で、札幌地裁の判決を「まさに民主主義の理念に立ち返った名判決」と評価する。

本来、マイノリティの問題を多数決で判断すること自体が、少数者の権利や命を「多数派の認識次第」にしてしまうため大きな問題がある。たとえ反対が多かったとしても、少数者の権利を保障することが基本的人権の尊重だろう。

自民党は2021年5月に「LGBT理解増進法」の国会への提出を見送った。与野党で合意していたにも関わらず、「差別は許されない」といった文言に強硬な反発が起きたからだ。そもそも法案の内容は、差別の禁止もない、平等な権利も保障しない上に、「理解を増進する」とお茶を濁す内容だが、マジョリティの〝理解〟が得られなければ、マイノリティの権利が保障されないという構造自体がまさに不平等な状況だろう。

差別を禁止し、平等な権利を保障することによって、後から理解が追いついてくる面もある。このままではいつまで経っても、法律上異性のカップルは結婚でき、同性のカップルは結婚できないというまさに差別は温存され続け、婚姻の平等は達成されない。

現に子育てをしている性的マイノリティのカップルは増えてきている。中には、すでに性的マイノリティの親に育てられた子どもたちが大人になっているケースもある。いつか、日本でも、同性カップルに育てられた子どもが首相になるような時代が来るのだろうか。

取材を通じて、いつか、自分も子どもを持つ可能性があるのかと想像のイメージがまた一つ膨らんだ。同時に、社会全体では賛成の割合が高くなりつつも、その動きをまさに政治がせきとめていることを強く実感する。すでに存在している多様な家族のあり方の実態に目を向け、1日でも早い権利保障が求められている。

3章

LGBTQ家族・支援者と子育て

山下知子

『孫はかわいか』までの道

ご飯の用意、身支度やその準備、働いていたら「保活」をし、予防接種スケジュールを管理して、具合が悪くなれば病院へ連れて行く……。自分の体調が悪いときでも子どもを放っておくことはできない。その子どもは一人ひとり性格が違い、日々予期せぬことが起こる。疲れ果てて子どもと一緒に寝てしまい、気づいたら朝、なんて日も「ザラ」だ。

異性カップルであれ、同性カップルであれ、子育てが大変なことに変わりはない。さらに、法的な結婚ができない性的マイノリティカップルの場合、法律上の親子関係の不安定さが生まれ、行政による家族へのサポートなど、様々な面でハードルが上がる。

法律や制度以外の面ではどうだろう。近所や親族からのサポートは？

支援団体が行ったアンケートをみると、「子育てをするにあたり、周りから孤立している」「周りに子育てをしていることを言えない」との回答を選んだ人は決して少ない数ではない。こうした状況をなくしていくには、どうしたらよいのだろうか。ヒントを探しに、地元・熊本で「理想の環境」で子育てをしているという家族に話を聞いた。

ママとマミーとふたりの子ども

熊本県に住むくみ（45歳）は、三つ下の同性のパートナーと共に小学4年生の長男と、2年生の長女のふたりの子どもを育てる。

２０２１年２月初旬の金曜日、学校から帰ってきた長女がおやつに食べていたのはアップルパイ。カナダ出身のパートナーがつくった、現地仕込みの大きなパイだ。さらにバナナ１本を食べようとする長女に、くみが声をかける。「そんなには食べられないよ。バナナはやめとき！」

子どもはふたりとも、米国の精子バンクから精子の提供を受け、くみが出産した。同性カップルの子育てについて取材させてほしいと依頼し、その日常生活について質問をする私にくみは楽しそうにこう話した。

「怒る顔も寝顔も、子どもって本当にかわいいよね。大変なこともあるけど、それは子育てしている人はみんな同じじゃない？」

くみは、親に対しても、地域や学校でも、同性同士のカップルであることをオープンにして暮らしている。ふたりの子どもも友達から聞かれれば、「うん、ママとマミーとふたりいるよ」と答える。くみは言う。「私たちは恵まれている。たぶん、理想の子育て環境だと思う」。そしてくみの両親はこう言う。

「孫は本当にかわいい。ああ、今はとても幸せ」

30歳で気づいたバイセクシュアル

くみがパートナーと出会ったのは、26歳のとき。サルサのダンスサークルで知り合った。熊本県内でALT（外国語指導助手）として働いていたアジア系カナダ人の女性で、意気投合し、いつも一緒にいるように。くみにとって一番の「親友」になった。

知り合って3年ほど経ったある日、運転中に、助手席に座っていたパートナーが言った。「昔、彼氏だよって言っていたカナダのパートナー、本当は彼女だったんだ」どんな話題から、こんな話になったかは覚えていない。くみは振り返りながら苦笑する。「当時は『LGBT』の友達が欲しいなあと思っていて、その友達が初めてできた、やった！って思い。向こうは精いっぱい、勇気を出して言ったはずなんだけど」

そのカミングアウトの前後からふたりの関係も少しずつ変わっていった。スキンシップが増え、１日でも会わない日があると寂しさを感じるようになった。半年ほど過ぎたある日、パートナーに「つきあってみない」と冗談めいた口調で言われた。「試しにつきあってみようか」。そんな軽い気持ちで付き合い始めたが、くみが「一生この人といたい」と思うまで、時間はかからなかった。

元々、毎日会うほど仲が良く、遊びの好みも価値観も「驚くほど一致」していた。ふたりとも旅行が好き。音楽の好みも似ていて、60年代の洋楽から最近のポップなものまで、相手が好きな曲は、自分も必ず好きな曲だった。

くみは、自分は異性愛者であることを疑ったことはなかった。それまで付き合ったのは全て男性。でも、パートナーへの思いは確かに愛情だった。「30も過ぎてから、自分が性的マイノリティだと気づいたんだよね。だから子どもの頃に悩んだこともなくて、『あ、私って同性も好きになるんだ』って発見したような感覚かな」

親へのカミングアウト、母は泣いた

30歳前後の頃、くみの周囲はどんどん子どもを産み始め、親世代は「おじいちゃん」「おばあちゃん」と呼ばれ始めていた。くみも早く子どもを産み、育てたかった。「親に孫の顔を見せないといけないという気持ちもあったし、早く相手を見つけないと年齢的に子どもが産めなくなるという、焦りに似た気持ちもあった」

子どもが欲しい、できれば隠さずにオープンに育てたい……。パートナーとは、子どもに関する意見も何一つ食い違わなかった。ふたりで子どもを育てる将来を描き始めるのは、自然な流れだった。

そんなふたりの前に立ちはだかったのが、パートナーのビザ。ALTとして働いていたパートナーは、5年の就労ビザがまもなく切れそうだった。いったん、カナダに戻らないといけない。離れたくない、一緒にいたい。くみは言った。「私も行く」

観光ビザでカナダに渡り、パートナーの故郷で暮らした。1年間、現地の専門学校に通い、その後は日本での建築士の資格を生かして州政府の建設課で働いた。カナダでは、２００３年にオンタリオ州で同性婚が認められ、２００５年には全土で合法化されている。くみは２００７年、現地でパートナーと結婚した。

カナダに渡る前、くみは母に女性と交際していることを打ち明けていた。そのとき、母はもう「ふつう」の将来が描けないのだと悲観して泣いた。くみは「なんで泣くの？　幸せだし、子どもだって産むよ、家庭を築くよ」と返したが、「今はおめでとうって言えないいな。10年後に幸せだったら『よかったね』って言えるけど、今は言えない」と言って、母は涙を流し続けた。

それまで「付き合っている人おるよ」「外国人と付き合っとうよ」と、事あるごとに伝えてはいた。親友だった頃から、パートナーを自宅に招いていたし、母は打ち明ける前から気づいていたかもしれない。「わかっていたけど、ちゃんと言われたくはなかったんだろうね」

母に打ち明けた後、母は「お父さんには言わないで、勘当されるから」と言った。テレビを見ながら性的マイノリティへの嫌悪感を口にするような父だった。でも、くみは知っていた。父は人を本当に差別したり、攻撃したりする人ではなく、愛情深い人であることを。

カナダで結婚したことは母にだけ伝えた。いつかはふたりのことを父にも言うと決めていた。

母は知っていた

実は、くみから女性と交際していることを知らされたとき、母は「やっぱり」と思っていた。家に遊びに来ていたときのふたりの様子を見て、「そうなのかな、ってなんとなく。ちらっとそう思っていたから」と振り返る。

泣いたのかどうか、記憶にはない。ただ、一つ気がかりなことがあったのは覚えている。子どものことだ。女性と付き合っていると聞いて、頭に浮かんだのは子どもを産めないということだったという。

「私は子どもを持ってすごく幸せだったから、やっぱり寂しいなって。結婚する結婚しない、よりも、子どもがいてこその幸せをくみにも知ってほしいなあって。泣いたのであれば、その思いがたたれたのが悲しくて泣いたのかな」。結婚しても離婚する人は多い。夫婦間が上手くいかず、苦しい思いをしている人も知っている。母は言う。「好き合っている男女だったら幸せになるとは限らないでしょ」。そんな思いは、父も一緒だった。当時、くみが女性と交際していることを知らなかった父親は、カナダに向かうくみにこう言った。「子どもだけつくってもいいぞ。夫はおらんでもよか！」

精子提供、病院探し、そして妊娠

福岡、アメリカ、長崎、カナダ、東京と暮らしたくみだったが、子育ては地元の熊本でと決めていた。友達と石蹴りして帰った田んぼのあぜ道、赤とんぼが群れをなして飛ぶ残暑の夕暮れ……。そんな環境で子ども時代を過ごせたのは幸せだったと思うからだ。パートナーも異論はなく、日本での仕事を見つけた。

カナダに渡った頃から妊娠・出産の計画を本格的に練り始めていた。精子バンクを利用し、人工授精することは初めから意見が一致していた。対面で誰かに精子提供をしてもらう場合、事前に精子提供のみ行うと取り決めをしていた精子提供者の気持ちが変わり、父親として子育てに関わろうとするのを恐れたからだ。「ドナーは父親にならない」と法で規定されている国の精子バンクを利用すれば、そのリスクはなくなる。「私たちふたりが親だ、ふたりで育てるんだ、という思いがあった」とくみは言う。

ドナーは、子どもが18歳以上になり、望んだ場合に何らかの方法で接触できる精子提供者（オープンドナー。非匿名ドナーとも）を選んだ。子どもが自分のルーツに関心を持ったときに、生物学上の父を知る道を閉ざしたくなかった。


精子の提供には見通しが立った。ただ、出産する病院が決まっていなければ提供してもらえない規定だった。

くみは不妊治療クリニックに手当たり次第メールを出し、電話をかけた。「同性パートナーで、精子バンクを利用しての出産を考えています」。返事をくれたのは半数で、ほとんどは「日本の現状では無理です」だった。半年ほどアタックし続けた頃、相談した、ある小さなクリニックから返事があった。「ここまで精子を持ってくることができるのならいいですよ」。準備が整った。出産はくみがすることにした。

2011年、熊本の産院で長男が生まれた。出産には、パートナーと母が立ち会った。子どもを抱き上げるパートナーの目は、涙ぐんでいた。

父へのカミングアウト「私らが守ればいい」

くみが以前から望んでいた父へのカミングアウトを実行に移したのは、長男がおなかにいて安定期に入った頃。実家の居間のソファにすわり、腕組みをしながらテレビを見る父。「お父さん、赤ちゃんできたよー」。そう言うと、父は一言、「でかした!」。そしてくみは告げた。隣のパートナーの腕を取り、「実はね。彼女は友達でなくパートナーなの。子どもを一緒に育てるよ。カナダで同性婚もしたんだ」

テレビを見ていた父の顔がどんどん赤くなっていた。居間にはテレビの音だけが流れる。「告白」から約20秒後、父は大きく息を吐き出し、「ああ、そうか」とだけつぶやいた。無言の間、何を考えていたのかはわからない。その後は子どものためにきちんと貯金をすることや、戸籍の疑問などを少し話した。くみが考えていた以上に、すんなり受け入れてくれた。正直驚いた。

その後、孫が生まれ、両親はかわいくて仕方がない様子だ。親類の葬儀や結婚式では、パートナーは親族席に座る。年1回、必ず撮る家族写真には、両親、パートナー、ふたりの子どもと一緒におさまる。

両親の話も聞いてみたいという取材の申し出も快く受けてくれた。孫のことを聞くと、父は相好を崩してこう答えた。「おお、かわいいぞ。どこに行ってもみんな、『かわいい、かわいい』言ってくれてな。やっぱり、孫はかわいいか」

土日は三世代で山へ行ったり、近くのため池で魚を釣ったり。夏は阿蘇山からの地下水が湧き出ている湧水プールに連れて行き、一緒に遊ぶ。「ザリガニもおってな。まあ疲れるけど、楽しいわ」

くみに、パートナーと妊娠を打ち明けられた当時、黙り込んだんですよね、と質問すると、「そうだったっけ?いや、俺は知っとったぞ」と笑う。

その上で少し真面目な表情になり、「ちょっとこう、『え?』とは思ったけど、好きなんだから、別段反対するとかはなかったね。好きな男はおらんわけだし、それに孫ができるとわかって嬉しくないわけがない」と振り返った。

精子提供で子どもを産むことについて聞くと、キッパリとこう言った。「ちゃんとした組織で、素性がわかっている人なら反対する理由がない。いい具合に生まれてかわいいよ」。同性の親という家庭環境のことで、孫がいじめられるかもという思いはよぎったという。でも、毅然としてこう話した。「それは私らがバックアップして、娘たちや孫を守ればいい」

母は、ごく親しい人には、娘が女性とパートナーであること、孫が精子提供で生まれたことを話した。そこまで親しくない人には「相手はカナダの人よ」と伝えたが、今、「それはくみや孫たちに失礼だったのではないか」と思っている。「当時はすらっと言えなかったけれど、恥ずかしいことでも悪いことでもないから。でも今から訂正して言い回るわけにもいかないし、ねえ」と笑う。

どこまで周囲に話すべきか

息子を産んで2年経った2013年、くみは、長男と同じドナーから精子提供を受け、長女を出産した。今、ふたりの子どもは小学4年生と2年生。黄色い帽子をかぶり、くみが卒業した小学校に仲良く通う。

くみとパートナーは、子どもを産むと決めたときから、子どもには全て伝えることにしていた。パートナーと出会い、愛し合い、子どもを授かったことに誇りを持っていたし、子どもにも堂々と生きてほしかったからだ。

ふたりの成長に合わせ、そのときにわかる言葉で説明してきた。「お父さんとお母さんがいるおうちもあるけど、お母さんがふたりのおうちもあるんだよ」。女性カップルの家庭を描いた米国の絵本『ふたりママの家で』も手元に置き、子どもに頼まれれば読み聞かせた。子どもたちは、母がふたりいることを「当たり前」として受け止めている。

くみが新たな悩みにぶつかったのは、長男が保育園に入る少し前だ。自分たちの家族について、どこまで周囲に話すべきなのか？知られたら、子どもがいじめられないか？やっぱり隠すべき？当初は積極的に語らなかった。

「お父さんは？」「パパはどうしたの？」。そう聞かれたとき、くみは笑ってこう返した。「子どもだけつくって（カナダから）帰ってきた～」「ダンナはいらんけん、子どもがおればよか」。そう言うと、「くみちゃんらしいね」と周囲も笑った。だが、次第に、嘘をつき続けることはストレスになっていった。

ちょうどその頃、性的マイノリティについての啓発活動を進める地元団体から声がかかり、活動を一緒にするようになった。

ある日、小学校の高学年の子どもたちを対象にした講演会を手伝うことになった。校長先生と雑談していたとき、「周囲に話していいものか、迷っている」と、思い切って相談してみた。答えは明快だった。「子どもに嘘をついたり、隠し事をさせたりするのは絶対にダメ」。校長先生は続けた。「心配ならうちに来てください。シングル家庭の子も、障がいがある子も、いろいろな事情を抱えた子もいますが、いじめなんて絶対にさせません」

その言葉に、吹っ切れた。「こんな先生がいるなら、こんな学校があるなら、地元の学校だってできるはず。最終的には引っ越したっていい」。校長先生のバックアップの言葉がとても心強かった。

くみは早速、長男が通う保育園の園長に同性カップルで子育てをしていることを説明した。園ではくみも参加して、全職員での研修が開かれた。小学校でも長男の入学前の夏休みに校長に話すと、校長自ら全職員研修を開くことを提案してくれた。保護者懇談会では、同性カップルで子育てしていることをはじめの自己紹介で話した。『何か質問ある方はいつでも何でも聞いてください』って言ってるけど、誰も来てくれない。こっちはいろいろと聞いてほしいのにね」とくみは笑う。

ただ、子どもはいろいろと聞かれているようだ。「え、なんでママがふたりいるの？」と聞かれた長女は「いろんなおうちがあるんだって」「カナダで結婚しているんだよ」と答える。「友達も、あー、そうなんだ、いいなーって。それでおしまい」

その姿を見て、くみは、隠さずに話してきた自分たちの選択は間違っていなかったと感じている。「周囲にオープンにしないと、子どもも出自について隠すものだと思ってしまう。それでは自己肯定感が損なわれると感じた」

一方で、自分たちの選択が、誰にとっても「最善」であるとは思っていない。「正解」があるとも思っていない。「子どもに打ち明けられない、周囲に隠さざるを得ないカップルはいると思う。いずれもその人がその人の経験に基づいて、考えて考えて出した結論。家庭によってベストなかたちは違うはず。私は一例に過ぎない。ただ、『こんなやり方もあるよ』と伝えられれば嬉しいな」

まぎれもない家族に

くみの母は「世間体は気にしていません。娘たちのことを否定する人もおらんかったし、気にする必要もなかった」と言う。「そもそも、世間体や『こうあるべき』という価値観よりも、子の幸せが大事ですから」

孫が生まれたとき、父と同様、「大きくなったらいじめられたりするのかな」と気になったことは事実だ。でも、くみの包み隠さない姿を見て、「なるほど」と思ったという。「心の中まではわかりませんが、『あの子とは遊ばないように』なんて話も1回も聞いたことがない。同性同士のカップルがいることも今は知られてきているし、また、くみがあっけらかんと話しているからかもしれません」

家族の中では、精子提供者を「ドナちゃん」と呼んでいる。時折、パソコンでドナちゃんの子どもの頃の顔写真を見て「そっくりよ、ほら」といった話もオープンにしている。「孫も当然のように受け入れていて、祖母として、不安なことは全くない」と母は言う。

「娘たちが『生まれてきてくれてありがとう』といつも言っているから、屈託なく、幸せに育っていますよ。支え合って仲良く暮らしている、それを家族というのなら、娘たちと孫はまぎれもない家族です」

性的マイノリティと「親子」の関係

性的マイノリティが子育てをする。そのとき、性的マイノリティ自身とその親の関係にはどのような変化が生じるのか。『カムアウトする親子─同性愛と家族の社会学』の著書がある奈良女子大准教授の三部倫子さんは「突き詰めたら、親と子の関係は千差万別としか言えない。上手くいっている親子もあれば、断絶している親子もいる」と話す。

三部さんは、性的マイノリティの子がいる親の声を数多く聞いてきた。親が子のセクシュアリティに理解があるかないか、そもそも親が子のセクシュアリティを知っているのかどうか……。「カップルに子どもが産まれ、関係が良くなるケースもあれば、全く変わらないケースもある。幼少期からの親と子の関係はもちろん、親の世間に対するスタンスなど、子の側からはどうしようもない要因も大きい」と三部さんは話す。

「性的マイノリティの子と異性愛者の親、というセクシュアリティの違いがあり、そこを超えて親子が互いに理解しても、生きていく上で直面する課題はすぐには解決しない。そもそも、家族がお互いを必ず理解しなくてはならないわけではない。個人や家族が解決すべきことだという立場ではなく、性的マイノリティの親と子の間にあるのは、社会の問題だということをまずは確認してほしい」

親子間の問題は、社会に繋がっている。社会が性的マイノリティへの「嫌悪」や差別感情に溢れていれば、親が当事者の子をありのままに受け入れるのは難しくなる。逆に性的マイノリティの存在や、子育てする当事者が「当たり前」となれば、ハードルは下がる。多様な性、多様な家族への理解が進むことで、より安定した関係となる親子、ねじれてしまった関係がほぐれる親子はきっといる。

性的マイノリティであろうと、マジョリティであろうと、子育ては、ともすると「孤育て」に陥りやすい。関わる大人の手は、多ければ多いほどいい。自身の親が理解者となり、子育てに参加してくれることは、小さな子どもにとっても豊かな時間になる。くみの言う「理想的な環境」が広がるには、当事者だけでなく、この社会の一人ひとりの変化がもっと必要だ。そしてそれは、これから生まれてくる子どもを含む、多くの人の幸せに繋がるはずだ。

LGBTQの家族を支える

筆者は２００８年、夫の転勤の関係で、縁もゆかりもなかった福岡県のある街で子育てを始めた。知っている人間はほぼ夫のみ。丸一日、大人と会話しない日もあった。初めての育児は、不安だらけだった。夫の帰りを待つあのときほど、時計の針が動くのが遅いと感じたことはなかった。行くあてもなく、毎夕、遠賀川の河川敷でベビーカーを押しながら泣いていた、気づけば子どもも泣いていた。

子育ては大変だ。周囲の助けがあると、身体的にも心理的にも親の負担は減る。筆者がかつて、最も欲しかったものだ。しかし、関係性を周囲に明らかにしておらず、相談する相手もいないカップルは少なくないのが実情だ。

数多くのＬＧＢＴＱ家族を支援してきた二つの支援団体に話を聞いた。共に東京に拠点を置き、全国各地の家族と繋がる「こどまっぷ」と「にじいろかぞく」。主宰者自身、悩み、ときに傷つき、手探りながらも真正面から「家族」や子育てに向き合ってきた。日本社会で、性的マイノリティが子どものいる家族を持ちたい、子育てをしたいと願ったとき、課題は何か。何が必要とされているのか。大事な視点は何なのか。

こどまっぷ

子どもがほしい　その第一歩を支える

子育てをしたい、子どものいる家族を持ちたい。でも、どうやって？性的マイノリティにとって依然として高いハードルをどう乗り越えるか。当事者の思いに伴走し、共に考えているのが一般社団法人「こどまっぷ」（東京）だ。英語で地図を意味する「まっぷ」には、団体が「子どもを持つための地図になる、子どもを持った後の地図にもなる」との思いを込めた。現在、賛助会員は全国１００人以上いる。

２０２０年10月、こどまっぷ主催の「初心者講座」がオンラインで開かれた。５組ほどの参加者は、これから出産を考えている20～30代のレズビアン。どうやって子どもを持つのか、医療や親子関係の法律はどうなっているのか――。回を重ねる中で、よく質問を受ける内容を中心に、子どもの授かり方や、法律については司法書士が説明する。公認心理師や医療現場の培養士らが説明するときもある。

「わからない」が始まりだった

　こどまっぷ代表理事の長村さと子さん（38歳）は「スタッフ自身、最初は何もわからないところからスタートした。何がわからないかもわからない、でも子どもを育てたい気持ちははっきりとしている。情報が圧倒的に少ない中でできる限りの正しい情報を共有し、道筋を示す狙いです」と話す。

　長村さん自身はレズビアン。20歳前後から、ずっと子どもがほしいと願い、２０１０年から子どもを持ちたい人や子どものいる人の集まりをコンスタントに開催してきた。バスツアーをしたり、みんなで映画を見に行ったり。そんな中、２０１４年に同年代のレズビアンが集まり、「ＬＧＢＴｓでもこどものいる未来を」という団体をつくった。

「でも」という言葉を入れた理由について、長村さんは「レズビアンのコミュニティの中にも『え？』って雰囲気があったし、『男と結婚すれば』という声も多かったですよね。周囲からの厳しい視線を感じる中で、それに対抗する意味で『でも』という言葉を入れたんだと思う」

任意団体としてスタートを切り、2018年に一般社団法人化。「生まれてくる子どもが増えてきて、しっかりした団体にしたいとの思いから、法人格にした。一緒に団体を立ち上げたコアメンバーの女性が亡くなったことも大きい。彼女がやりたかったことをしっかりかたちに残したかった」と長村さんは話す。定期的に初心者講座を開くほか、毎月、オンライン相談会を開く。連絡を入れた当事者には、直接会える機会をつくって会いに行ったり、オンラインで繋げて、なるべく直接話をする。「SNSでやりとりしていても、会ってみないとわからないことがある」からだ。子どもを育てている人を中心にしたお茶会や、海外の医師による講演会も実施している。2020年9月に開かれたセミナーでは、米国サンディエゴのクリニックの医師が精子ドナーによる妊娠や代理母出産など、米国の医療現場の話や世界的な動きを説明した。

同性カップル間での不妊治療を取り扱っている医療機関も紹介する。日本産科婦人科学会の指針では、提供精子を用いた人工授精（AID）は、法的に結婚している夫婦に限られる。ただ、子どもを育てたい性的マイノリティのカップルは多数存在し、海外の組織を使ったり、個人間で精子の提供を受けて子どもを授かったりしており、実態が指針の先を行っている。その狭間で悩む人たちの受け皿が、こどまっぷなどの民間団体となっている。

子育てをしている当事者１４７人「見てみないふりをしないで」

こどまっぷが２０２１年、性的マイノリティの６４８人にアンケートをしたところ、「子育てをしている／していた」と答えた人は１４７人いた。

そのうち、どのように子どもを授かったかについては「自分／パートナーが第三者から精子や卵子の提供を受けて」が80人で最多だった（子どもが複数いる場合は複数回答）。「自分／パートナーが元妻や元夫の間にもうけた子ども」が次いで多く、「養子縁組制度を利用」（２人）、「里親制度を利用」（１人）――となった。「その他」を選んだ人の中には、ホルモン治療や性別適合手術を受けていないトランスジェンダーのカップル間で子どもをもうけたケースもあった。子どもの数は、「1人」76人、「2人」45人、「3人」5人、「5人以上」3人、「自分／パートナー／協力者が妊娠している子どものみ」18人だった。

子どもの授かり方を尋ねた回答の中には、自分で性器に精液を注入して妊娠しようとするなど、感染症の面から懸念される行動や、SNSで出会ったドナーから性交渉を迫られるといった深刻な事例があった。国内の指針と当事者たちの望みに乖離があることで、長村さんは「よりアンダーグラウンドになっていく。それが良いことだとは思わない。だから、こどまっぷとして必要な人には必ず面談した後に医療機関情報を教えている」と話す。米国や豪州、台湾、香港の家族団体と繋がり、精子バンクや代理母出産の情報も積極的に集める。

こどまっぷは、ただ妊娠や出産を後押ししているだけではない。カップルがこうした生殖医療に進む前に、独自に作ったチェックリスト（章末を参照）で、カップル間で入念に話し合いをさせる。

長村さんはこう強調する。「関係性が壊れた後だと話せない。本来なら異性間のカップルでも話し合うべきこと。全ては生まれてくる子どものためです」。一方でこんな心情も吐露する。「本当は、日本の医療者たちにもっと関わってほしいんです。でも声をかけても応じてくれない。現実はどんどん進んで子どもも多く生まれている中で、倫理の問題、子どもの福祉が整ってないなどを理由に、現実に必要な議論すら進めようとしない。見てみないふりをしないでほしい」

こどまっぷの立ち上げから年月も経ち、子どもを育てるメンバーは続々と増えている。コロナ禍で２０２０年はできなかったが、年1度、大きなピクニックを都内の公園で開く。２０１９年は１００人近くが集まり、敷物を敷き、お弁当を広げて、おしゃべりした。性的マイノリティの当事者、アライ、子どもあり、子どもなし、シングルマザー、ダブルマザー……。「子どもが産まれると『マジョリティの男女夫婦の家庭とそこまで変わらない』という声は多い。子どもの発達にまつわる悩みや家事育児の分担のあり方は、どんな家庭でも一緒。今後は、生まれてきた子どもたち同士の繋がりを支える活動もしていきたい」と長村さんは言う。

性的マイノリティがゆえの悩み

一方で、やはり性的マイノリティだからこその悩みはある。こどまっぷの前出のアンケートで、「実際に子育てをしている／していた」「近い将来子育てをしたい」「現在は考えられないがいつか子育てをしたい」と答えた計５０１人に子育てをする上で不安や悩みがあるかを聞いたところ、４６５人が「ある」と答えた。

その中身は「法的制度が整備されていない」（３６３人）が最も多く、「社会の偏見や無知」（３５８人）、「子どもがいじめにあうかどうかの不安」（２９０人）、「学校などでの対応」（２７９人）などが続いた（複数回答可）。「精子や卵子提供者との関係」（２４７人）、「子育てをするにあたり、周りから孤立している」（86人）、「周りに子育てをしていることを言えない」（57人）を選ぶ人もいた。

精子や卵子の提供を受けて子どもを授かった場合、提供者との関係はどうなっているのか。アンケートでは70人にそれについても尋ねている。「精子や卵子の提供のみで、その他の関わりはない」（42人）が最も多かったが、「行事などの節目で年に何回か子どもと会っている」（14人）が2番目に多かった。「金銭的な援助をしてもらっている」（4人）、「家族として一緒に暮らしている」（1人）と答えた人もいた。また、「その他」（13人）は「子どもの写真を送る程度」「年に数回、連絡している」といった回答だった。

精子提供など、子どもへの真実告知の予定については、子育てをしている／していた147人のうちの105人が回答。「子どもの年齢やタイミングに合わせて全て話す予定」（63人）が最も多く、「子どもの年齢やタイミングに合わせて部分的にだけ話す予定」（19人）が続き、「話す予定はない」（6人）を大きく引き離した。「まだ考えていない」も11人いた。

長村さんは2021年春、妊娠に至った。出産後は、パートナーの茂田まみこさんと子育てをしていく考えだ。「同性間で生まれ育つ子どもは増えている。その現状を認め、子どもの福祉を含めて考えていく議論をもっともっと仕掛けていきたい」。長村さんの活動は当面、終わりがなさそうだ。

にじいろかぞく

子育てをする性的マイノリティに寄り添う

子どもを育てる性的マイノリティの交流を進めるのが、任意団体「にじいろかぞく」（東京）だ。

2021年4月24、25日にオンラインで開かれた性の多様性を祝福するイベント「東京レインボープライド2021」では、「おやこ休憩所@にじいろかぞくONLINE」を開催。「日本で『ゲイパパ』やってます／やりたいです」「『思春期より年上の子ども』のいるLGBT親にいろいろ聞きたい！」「『産んでないほうの親』のホンネを語ろう」「こどもの入園・入学どうする？にじいろかぞく親のお悩み相談」など、子育てをする性的マイノリティが直面するテーマを取り上げ、参加者が語り合い、耳を傾けるトークイベントを2日間にわたって開いた。

にじいろかぞくの代表を務める小野春さん自身、女性パートナーの西川麻実さんと10年以上にわたって子育てをしてきた。それぞれに男性と結婚していたときに生まれた子どもがいる。小野さんの長男、西川さんの長女、小野さんの次男。2010年に結婚式を挙げたときは3人とも小学生だった。

にじいろかぞく設立のきっかけは2010年。周囲に同性同士で家族を持った仲間がおらず、「結婚式の興奮そのままにホームページをつくって、ひとりで暗く書き始めた」と小野さん。あれこれ綴っているうちに、徐々に小野さんのページに人が集い始めた。固定メンバーもでき、「ふわふわと、ゆるーく、おしゃべり会のようなものをやっていました」

米国での忘れられない出会い

転機が訪れたのは2013年。小野さんは、米国国務省が主催した研修旅行ＩＶＬＰのメンバーに選ばれ、人権をテーマに3週間にわたって米国各地の取り組みを視察することになった。米国で性的マイノリティの権利向上や理解促進を進める団体は、街頭にもメディアにも積極的に出ていた。「全てが衝撃的だった。私もちゃんと活動したい、と思った」と小野さんは振り返る。

忘れられない出会いがある。

米国の人権NPOで出会った、20歳過ぎのひとりの女性だ。彼女の母は父と別れた後、自身のセクシュアリティがレズビアンだと気がついたという。女性は思春期の頃は友達に母について話すことができず、悩んだ時期もあった。その後、自分自身の悩みや困難は、母を異質とする社会の側にあると気づき、母を応援する思いでNPOでインターンとして働いていた。

小野さんは、女性の存在そのものに「感動しちゃった」と言う。5人暮らしが始まって何年も経っていたが、「子どもは大丈夫なのか?ちゃんと育つのだろうか?」と悩んでいた。「同性カップルのもとで育てられた子どものその後を見る機会はほとんどなかったし、思春期はどうなるのか、わからないことばかりだった。彼女自身もいろいろと悩んだだろうし、今も引っかかること、葛藤している部分はあると思う。でもすごく素敵な女性に育っていて、こんなにもまっすぐ育つんだって安心感を得ました。女性との出会いで、混沌とした将来イメージの中に一つの具体例が放りこまれ、自分の子育てに一つの道筋を得た思いでした」

帰国後、小野さんはにじいろかぞくの活動を本格化させた。ＳＮＳで発信したり、交流会やピクニック、勉強会を企画したり。現在、会員は60人。国内だけでなく、香港やカナダからの参加もある。

２０１７年からは会費を集めて会員制任意団体として運営するようになった。この前年、小野さんは乳がんを宣告され、治療に専念することに。メンバーから「小野ちゃんが倒れたら会がなくなる、では困る」「ちゃんと組織にするべきだ」との声が出て態勢を見直し、６人がコアスタッフとして会の運営を支えていくことになった。

今はゲイのシングルファーザーも加わり、運営に新しい視点を与えている。小野さんは「仲間を探している、仲間と繫がりたい人は本当にいっぱいいる。病気がきっかけだったけど、団体として整ったのはよかった」と笑う。

抱えることの多い悩みは？

子育てをする、多くの性的マイノリティのカップルと交流してきた小野さんに、子どもを育てていく上で当事者たちが抱えることの多い悩みには何があるのか聞いてみた。

子どもへの説明

まず挙げるのは、子どもへの説明だ。同性同士のカップルの場合、「父もしくは母がいない」と小野さん。女性カップルのもとで育った子どもの場合、2、3歳ぐらいで「お父さんは？」と聞くことがあるという。もちろん、年齢が上がり、意を決して聞いてくる子どももいる。中には、「父親がいると思わなかった」と衝撃を受ける子も。

小野さんは「どう子どもに説明するかはカップル間でよく話し合っている。『告知』という改まった感じではなく、同性カップルの家族について描いた絵本などをもとに話をしていることも多い」と話す。

周囲への説明

周囲への説明も、多くのカップルが心を砕く悩みだ。近所の人に何と説明するか。「親戚です」と言っているケースもあれば、オープンにしているケースもある。「家族によって状況が違うので正解はない。いろいろな人の話を参考にしながら、自分たちのケースでは何がベストか、その時々で選んでいくしかない。もちろん、途中で方針を変えても全然良い」

周囲への説明の中で「胃がキリキリする」のが、保育園や幼稚園、小学校に通い始めるときだ。小野さんは当初、子どもたちの学校に同性カップルとして子育てをしていることを伝えていなかった。授業参観などはふたりで行くべきか、子どものクラスメートの保護者たちに同性カップルで子育てをしていると言うべきか言わないべきか。言うとしたら保護者会で？それとも子どもたちが？

学校提出書類も悩みの種だった。

小野さんは、父母欄を母ふたりで出したときもあれば、揺れに揺れて自分の名前だけ書いたときもある。家族欄にパートナーと娘の名前を書けないときもあったが、次第に、家族欄にパートナーを「友人」「同居人」「同性パートナー」と書くように。「子どもの性格や、子どもと学校との関係も考えないといけない」と小野さん。次男のケースでは家族で話し合い、中学のときにスクールカウンセラーに、高校は入学当初から家族構成について学校にカミングアウトして通うことにした。「学校の先生は『あ、そうですか』という感じ。拍子抜けするぐらいにあっけなくて、安心しました。若い先生は全然ハードルがないですね」と振り返る。

子どもが広げる世界との関係

中学、高校と進むにつれて、親が学校と関わることは減り、悩みとしての比重は小さくなっていく。代わりに浮かび上がってくるのが、思春期と「子どもの交際相手」だ。

小野さんの場合、米国を訪れた2013年当時、長男は思春期真っ盛り。そして小野さんは周囲に同性カップルとして子育てしていることをカミングアウトしていなかった。「当時は、カミングアウト?無理、無理、絶対に無理、って思いでしたね」

一方、長男は、社会の「当たり前」と自分の家族との「ずれ」を感じ始めていたという。自分自身が周囲に言わないことで子どもに嘘をつかせてしまっているのではないか、小野さんはそう感じ始めていた。「米国での経験もあり、『カミングアウトなんて私には無理！』のままでいいのかも考え始めました」

「親は子の価値観から強い影響を受けにくいけれど、子は親から大きな影響を受ける」と小野さんは言う。思春期を迎え、徐々に親から離れ始めた子どもたち。母ふたりの家族で育った子どもたちの価値観と、恋人や友人の価値観がぶつかり、生きにくくなることを懸念していた。実際は、長男の友人は「あ、そうなんだ」、次男の交際相手は「ふーん」という反応だったという。次男の恋人がついてくるかたちで、パートナーと次男と次男の恋人と一緒に東京ディズニーランドへ行ったことがある。「なんか、すごく普通だった」と小野さん。「心配性なこともあって、上手くいく想定が全然できず、以前は絶望しかなかった。でも、ちょっとずつ体験を重ねてきて、今はなんとかなる可能性を感じ始めている」

3人の子どもが20歳前後となった今、小野さんが「最大級の葛藤」というのが、子どもたちの結婚だ。どんなカップルも互いの成育環境は違うが、我が子と相手の成育環境はより違う。その違いや家族像の違いを乗り越え、お互いに幸せな結婚生活を送ることができるのか。自分たちの存在が障壁とならないか、相手の親が結婚を理解してくれるのか……。

「まだ妄想の段階だけど、考えずにはいられない」と笑いながら、小野さんは力強くこう言う。

「いずれにせよ、今この瞬間にできることは、様々な家族のかたちがあることの認知を上げていくこと。今できることは、それかな。そして、子どもが誰かと結婚するときに、最大級の祝福を贈ってあげたい」

山下敏雅弁護士に聞く、LGBTQ家族と法律

同性婚が認められていない日本では、性的マイノリティのカップルが子どもを育てようとすると、多くの壁が立ちはだかる。取材を通じて出会ったカップルらの事例から、子どもを育てることにまつわる法律の話を山下敏雅弁護士に解説してもらった。

山下敏雅（やました・としまさ）

1978年生まれ。2003年10月弁護士登録。弁護士法人東京パブリック法律事務所（公設事務所）などを経て、2012年、東京四谷に永野・山下法律事務所（現・永野・山下・平本法律事務所）を設立。著書に『どうなってるんだろう？ 子どもの法律』（高文研）など。子どもの事件（少年事件・虐待事件・学校災害・未成年後見など）やLGBT・性的マイノリティ支援に取り組む。

Q1——性的マイノリティのカップルが子育てをするケースが増えています。親と子の関係に関してどのような事例があるのでしょうか。

A 女性カップルでは、いわゆる「連れ子」のかたちで家族を形成することは以前からありました。女性が男性と婚姻して子をもうけ、その子の親権者となって離婚し、その後新しい同性パートナーと共にその子を育てる、というかたちです。最近では、女性カップルのどちらかが精子提供を受けて出産し、ふたりで育てるという事例が増えています。トランスジェンダー男性と女性のカップルも、精子提供で子どもをもうけることもありま

す。男性カップルでは、どちらかが精子提供し、女性に産んでもらう「代理母出産」で子をもうけるケースが海外ではありますが、日本では難しいです。

血縁関係のない子どもを性的マイノリティのカップルが育てるケースも増えています。自治体によっては、里親という児童福祉の枠組みで子育てをする同性カップルもいます。また、婚姻しているトランスジェンダー女性と男性のカップルについて、血縁関係のない子どもとの間で特別養子縁組が成立したケースもあります。

Q2——女性カップルで、精子提供を受けて一方が出産した場合、出産した側と出産していない側で、それぞれ子どもとの関係はどうなりますか?

A 出産していない側、つまり血縁関係がない側は法律上は他人です。ただ、生まれた際に血縁関係がない方と普通養子縁組をすれば、法的な繋がりはできます。そうすると、一方が実母で、もう一方が養母で、ふたりとも親となります。ですから、実母が亡くなったら子に相続権がありますし、養母が亡くなっても子に相続権はあります。子に対してはふたりとも扶養義務があり、子が亡くなり、その子に配偶者や子がいなければ実母と養母も相続人となります。

ただ、親権は、普通養子縁組をした段階で実母から養母に移ります。法律婚できる関係だったら、ふたりが親権者なのですが、同性カップルだと結婚ができないので、1対1の養子縁組になって親権者はひとりだけになります。さらに、子が未成年で法律上は「他人」との普通養子縁組となりますから、家庭裁判所の許可が必要になります。

カップル間で養子縁組をすると、子を含めて家族になることはありえます。例えば、子を産む前に、産んだ女性が産まなかった女性の養子になるかたちで縁組すると、産まなかった女性と子の関係は「孫」になります。注意したいのは、今の民法では、いったん養子縁組をした関係は、解消した後であっても結婚ができない、という点です。将来的に同性婚が認められた場合、ここの手当てが必要です。

Q3——女性カップルのステップファミリーのケースで、出産していない女性と、パートナーの子どもとの法的関係はどうなりますか？

A 法律上は他人です。Q2に対する答えと同じものになります。

Q4——女性のカップルでは、精子提供を受けるケースが少なくありません。

カップルと提供者との間ではどういった「取り決め」をしていたらよいのでしょうか？また、精子提供者が親権を持つことはありますか？

A 精子提供者を含めた3人で話し合っておいた方がいいのは、子を育てるためのお金や面会交流、真実告知をどうするのか、子育てに関わるかどうか――などです。ただ、子に真実を教えないと約束することは問題です。子には親を知る権利があります。3人で「精子提供者は認知をしない」と合意していても、子から認知を求められることもあります。精子を提供するというのはそれなりに覚悟が必要です。大事なことは子の最善の利益。大人の間で約束をしても法的に無意味なことがあることも、また知っておいてほしいと思います。

産んだ女性が、自分が亡くなったときに精子提供者ではなくてパートナーが親権者になってほしいと思うのでしたら、3人で取り決めたのち、遺言書に「未成年後見人の指定」を書いておけばいいと思います。それを持って役所に届け出れば、裁判所の手続きなしでパートナーが親権行使する未成年後見人になれます。

合意に反して、男性が「親権を取りたい」と言い出したときのことに少し触れておきます。精子提供者が親権を持つことはありえます。まず女性カップルの一方の女性は、未婚の状態で子を産みますので、母親の単独親権になります。精子提供者の男性が認知の届け出をして、父親としての親子関係をつくり、さらに親権変更の申し立てを家庭裁判所にして、裁判所が精子提供者が親権を持つことが相当と判断すればありえます。ただ、理屈ではありえなくもないですが、子の福祉から判断されるので、実際に認められるかはケースによります。

Q5——「親権者」と「未成年後見人」の違いはなんでしょうか?

A まず言葉を整理しましょう。親権者は子どもが未成年の間、監護養育する権利と義務を持つ人のことです。父母がいれば父母が、養子であるときは養親が親権者になります。そして、死別などで親権を持った人を失った子どもに対し、親権を行使するために選ばれるのが未成年後見人です。子どもがいる同性カップルで、親権を持つ一方が亡くなった場合、遺言でパートナーが指定されればその人がなり、遺言がない場合も、生活実態などから「他人」であるパートナーでも、裁判所が相当と判断すれば未成年後見人になることは可能です。

Q6——そもそも第三者からの精子提供は日本では法的にどうなっていますか?

A 夫婦以外の精子や卵子を使った生殖

補助医療に関して、その親子関係を明確にする民法特例法が２０２０年12月にできました。ここでは、トランスジェンダー男性と女性のカップルも含む「夫婦」が、夫以外の男性の精子によって出産した場合に、夫はその子が嫡出であることを否認できないと規定されています。同性カップルは結婚ができないため対象外です。また、女性が自分以外の女性の卵子を用いた生殖補助医療で子を産んだ際は、出産した女性が母となると規定しています。

未婚女性への精子提供については、この法律では想定されていません。女性カップルの未婚の女性が、どういう経過で妊娠出産したのか（性交渉によるのか、精子提供によるのかの違い）は、女性と子の関係、子のその後の身分関係には違いは生じません。

Q7——男性カップルの一方が精子を提供して、女性に子どもを産んでもらった場合、このカップルに親権を移したい場合にどういう手続きが必要なのでしょうか。

A　結婚していないカップルふたりに共同で親権が移ることはありません。親権はまず、出産した女性ひとりが持ちます。精子提供者が認知して、出産した女性との協議、もしくは裁判所の判断で親権を変更して親権者になります。ただ、親権はそうなのですが、実母と子の親子関係は残ります。つまり、出産した女性とその親族との関係は残ります。出産した女性が「親子関係はいりません」と主張したとしてもそれは無理。出産した「事実」で母子関係は決まるからです。実の母親との親子関係を切る手段としては特別養子縁組がありますが、特別養子縁組は法律婚している夫婦のみができ、同性カップルはできません。

男性カップルが、海外の代理母出産あっせん会社などを利用するケースがあるかと思いますが、代理母が外国籍で……となったら親子関係の成立や親権についてはどこの国の法律を適用するのかが複雑です。なお、トランスジェンダー女性と男性のカップルが法律婚をしていれば、特別養子縁組を利用することができますので、男性の精子によって第三者の女性が出産し、その後トランスジェンダー女性と男性の夫婦が特別養子縁組によって子どもを迎える場合は、出産した女性と子との親子関係がなくなるので親権もなくなり、ふたりが共同親権を持ちます。

Q8――性的マイノリティのカップルでは、日本国籍以外の方と結ばれるケースも多くあります。そもそも海外の法律下で同性婚をした日本国籍と外国籍のカップルは、日本での法律上の関係はどうなりますか？

A 海外で同性婚をしたから日本でも法律上「ふうふ」として扱われるかというと、「そうではない」が原則です。でも、日本で全く「ふうふ」として扱われないかというと、扱われる場合がまれにあります。例えば相続で、日本人が外国籍パートナー名義の日本の不動産を法定相続人として取得できた事例がありました。

日本で事実婚カップルにも適用される制度があります。これが、性的マイノリティのカップルにも適用できるか、との論点で大事なのは「事実」です。周りの親族や職場、友達もみんな「ふうふ」として、家族として扱っているという「事実」、そしてパートナー登録をしているとか、海外で結婚している、というような「事実」を積み重ねていくことが大事なステップになります。基本はダメだけれども、使える仕組みはとにかく使って、事実婚と同じ「ふうふ」同然であることを証明できるものを用意しておくことが欠かせません。子どもとの関係でも非常に大事です。

日本国籍と外国籍の性的マイノリティカップルの場合、どういう法律の問題の場合に外国籍パートナーの本国法がどうなっているかで、いろいろと変わってきます。自身のケースはどうなのか、弁護士に相談することをおすすめします。

Q9——里親や普通養子縁組、特別養子

縁組について教えてください。近年は同性カップルが里親になる例も出ています。

A まず里親と養子縁組は全く違います。里親は家族法上は他人であることを前提に、福祉の枠の中で子どもを育てる仕組み。里親の要件は法では明記されていませんが、自治体が要件を定めています。近年、自治体が要件を変えたので、同性カップルも里親として認められるようになりました。

他方で、養子縁組は法律上の親子になる制度です。普通養子縁組は、実親との関係は残りますし、離縁も可能です。同性カップルが普通養子縁組をしようとする際は、同性カップルのどちらか一方との縁組で、親権者はひとりです。特別養子縁組は、子どもと実の親との親子関係を切るもので離縁も限定された場合にしかできません。法律婚している夫婦のみができ、親権者は夫婦ふたりになります。

Q10——同性婚が日本で認められた場合、何が解決できるのでしょうか。問題として残ることは何でしょうか？

A いろいろ解決できますよね。一方が亡くなった際に相続ができない、パートナーが産んだ子どもを一緒に育てていてもパートナーと一緒に親権者になることができない、外国人のパートナーが配偶者として在留資格を得られない、といった不利益のほとんどが解消されると思います。共同親権になることで、子育てを安定してできることは大きいと思います。

同性婚がきちんと法制化されるときには、「ふうふ」や精子・卵子提供者、出産した女性などとその子どもとの関係の規定を含めて整理されるはず。そのときに「何が残るか」がわかってくると思います。

Q11——性的マイノリティが出産や子育てする上で法的なことで悩んだら、どこに相談すればよいのでしょうか？

A 多くの弁護士会にはＬＧＢＴの相談窓口があります。また、「ＬＧＢＴ支援法律家ネットワーク」に所属しているメンバーで対応できます。そもそも法律が追いついていない世界。困ったら専門家に相談してください。

何よりも大事なことは、「子どもの最善の利益」。子どもにとっての安心、安全、幸せのことです。生まれてくる子どもの
ことを起点に、自身の家族について考えてほしいと思っています。

取材を終えて

山下知子

柔らかい日差しの下、ベビーカーを押すカップルの姿。笑い合い、時々子どもの寝顔を確認しながら歩く。その輪郭がだんだんぼやけ、気づいたら私はボロボロと大粒の涙をこぼしていた。

2005年、私は初めて妊娠した子どもを流産した。妊婦10人にひとりとも15人にひとりとも言われ、確率は決して低くない。後でわかったが、口外していないだけで流産を経験している女性は多い。その後、私はもうひとりを亡くし、「流産を繰り返す不育症かもしれない」と医師に言われた。

「子どもを育てたい」と積極的に思ったことはなかった。ただ漠然と、いつかは好きな人と一緒になって、ふたりで小さき者をいつくしみ、育てるんだと思っていた。多くの人が手に入れられる「子ども」という存在が、なぜ私の手からはこぼれ落ちてしまうのか。天を見上げながら、答えのない問いを何度も問うた。仕事が終わった深夜、流産経験のある女性たちのブログを読み、パソコン前で声を上げて泣いた。

子どもを育てることが人生の全てだとは思わない。パートナーとふたりであっても、もちろん家族だ。でも、「ふたりで子どもを育てたい」「子どもがほしい」と思う感情は抑えられるものではなかった。子どもを育てたい……。多くの性的マイノリティのカップルに出会う度、あの当時の感情がよみがえる。そしてその感情は、性のあり方によらないはずだ。

私は2008年、2016年に子どもを授かった。あまりにも親に向いていない自分の性格にうんざりすることばかりだが、子どもを通じて新しい世界を見せてもらえている。手段があるにも関わらず、子育てという人生の機会を性のあり方によって諦めてしまうのはあまりにもったいない。いや、表現が正確ではない。諦めているのではなく、諦めさせているのかもしれない。私たちの社会が、だ。

あるゲイのカップルを思い出す。日本人と外国籍のカップルだった。話の中で、「ふたりで犬を育てたいが、いつまで日本で一緒に暮らせるかわからないから飼えないいんだ」とぽ

つりと言った。話を聞き終え、帰ろうとしたときに「さっき犬を育てたいと言ったけど、

本当はね、子どもを育てたいんだ、ふたりで育てたいんだ。血が繋がっていなくてもいい

んだけど、ハードルがあまりにも高くて」と言った。そのときの、笑おうとしながら言葉

を紡ぎ出した横顔に、胸がぎゅっと締めつけられた。

取材やプライベートで出会った多くの性的マイノリティのカップルは、子どもを育てるということに異性愛のカップル以上に真剣に向き合っていると感じる。なぜ結婚したいの？なぜ子どもがほしいの？異性愛者の私にはほとんど向けられることのない問いを、性的マイノリティのカップルは常に聞かれ、また自問している。一例として示すならば、一般社団法人こどまっぷが、新しい家族を迎えたいと思っているカップル向けにつくったチェックリストは20項目に及んでいる。「途中で、一緒にトライしていた人が別れた／新しいパートナーができた場合、トライし続けますか」「子どもに障がいがあることが、妊娠中や産まれてからわかった場合のことを考えていますか」「里親制度や養子縁組については、考えたことはありますか」……。

取材を受けてくださった皆さんは、異口同音に「子どもたちのためなら」と時間を割い

てくれた。現実はまだまだ大変で、法的な整備も不十分。偏見や差別も根強く残る。子どもたちが、自分の出自や育った家庭に何ら引け目を感じることなく、生きていける社会になってほしい。そんな思いから、忙しい中で時間を捻出してくれた。実際、性的マイノリティが子どものいる家族を形成しようとするとき、必ずあがるのが「子どもがかわいそう」という声だ。だけど、考えてみてほしい。「誰が」子どもを「かわいそうな存在」にしているのか。それは、私たちの社会ではないのか。

子どもたちは次々と生まれ、育っている。残念なことに、世の議論は現実に追いついていない。とりわけ精子提供や代理母出産についての制度は、日本ではまだまだ。もちろん、難しい問題をはらんでいる。私自身、代理母出産については、答えが見い出せていない。でも、「大多数の関心事ではないから」「国民の理解が進んでいないから」は議論をしない理由にならない。なぜって、私たちの社会には現にそれで困っている人がいるからだ。

孫自慢をするときのくみさんの父親の相好を崩した顔、ママとマミーのふたりの母になつく子どもたちの安心した表情を今も思い出せる。小野春さんとは、取材の途中から本筋を外れ、子どもの進路や中学受験、高校受験について夜8時まで語り合った。取材時は、ちょうど私の子どもが小学6年生という年齢だったこともあり、心によどんでいた悩みをぶちまけると、「何とかなる、大丈夫よ」とご自身の経験に引きつけながら語ってくれた。なんと頼もしかったことか。そして、安定期を迎えるまでの長村さんのTwitterのつぶやきは、祈りにも似た気持ちで読んだ。子を育み、ときに悩む姿は、シスジェンダー・異性愛の私と何ら変わらない。

深い信頼関係と愛情で結ばれた家庭で育つことは、子どもにとって何より幸せなことだと思う。そして、子どもたちがその子らしく、自信を持って生きていけることは、圧倒的多数の異性愛者とその家族にとって何か問題になることではない。社会が何をすべきか、もう答えは出ていると思っている。

相談窓口一覧

■一般社団法人こどまっぷ（東京）　https://kodomap.org/

■にじいろかぞく（東京）　https://queerfamily.jimdofree.com/

■ともに拓くLGBTQ+の会くまもと（熊本）　https://ameblo.jp/2013hirakukai/

性のあり方に関わらず、自分らしくいきいきと生きられる社会を目指し、当事者の交流会や啓発活動、家族を含めた相談活動、就労支援などを行う。

■一般社団法人レインボーフォスターケア（埼玉）　https://rainbowfostercare.jimdofree.com

性的マイノリティが里親や養親として子どもを養育するための法制度等の課題の解決と、里親家庭や児童養護施設で暮らすLGBTの児童たちが直面する問題の解決を通じて、多様な大人と多様な子どもと多様な家族が生きやすい社会を目指す。

一般社団法人こどまっぷ　SELF CHECKLIST

＊ここでいう「トライ」という言葉は妊活や子づくりなどを指します　＊無断転載禁止

1、どんな人と一緒にトライしたいですか（人間性や住んでいる地域などの条件など）

2、協力者との関係性はどうありたいですか（子育て中に時々会いたい、関係性は断ちたいなど）

3、認知はどうしますか。または考えたことはありますか
4、日本の法律では、子が求めれば、もしくは男性側が求めれば認知が可能であること、また認知をしない取り決めをしても認知ができることを知っていますか
5、いつからトライを始めますか、もしくは、始めたいですか（何年後などの時期）
6、どのくらいの期間をかけるか（自分が何歳まで）考えていますか
7、どんな方法でトライしますか（シリンジ法、体外受精などで病院に行きたいなど）
8、自分の体の状態（性感染症、精子の状態、排卵周期など）を調べたことがある、または調べていますか
9、上手くいかなかった場合、どうするか考えていますか
10、里親制度については、考えたことはありますか
11、子どもができるまでにかかる費用はどのようにしようと思っていますか
12、途中で、一緒にいた人と別れた／新しいパートナーができた場合、トライし続けますか
13、自分やパートナーに万が一のことがあった場合、子どもを誰がどこで育てるか考えていますか
14、子どもへの真実告知（セクシュアリティ、出自について）を行いますか？伝える場合はどう説明しますか
15、子どもに障がいがあることが、妊娠中や産まれてからわかった場合のことを考えていますか
16、妊活などについて、パートナーや一緒にトライする人たち以外に相談できる人はいますか
17、子育てを手伝ってくれる人は自分たち以外にいそうですか
18、家族、親戚づきあいがある場合、子どもについてどう説明するか考えていますか
19、協力し合える人を見つけた場合、何か書面の交換はしますか
20、子どもがいる未来を生きたいですか

4章

LGBTQ家族が直面する法的な壁とその変化

古田大輔
松岡宗嗣

歴史的な札幌地裁判決

まだ時折雪も降る北海道の早春。2021年3月17日、曇り空の札幌地方裁判所にレインボーフラッグがはためいていた。前列に出た弁護士ふたりが笑みを浮かべながら横断幕を広げ、そのまわりを札幌の性的マイノリティ当事者らが旗を掲げながら囲む。

「違憲判決！結婚の平等へ大きな一歩」

横書きで大きく記された文字に、原告や支援者たちから歓声が沸いた。同性婚が認められないのは憲法に違反すると北海道に住む同性カップル3組が訴えた裁判で、実質的な勝訴と言える内容だった。

国を訴えて違憲判決を勝ち取るのは難しく、地裁レベルではさらに珍しい。提訴した関係者らにとっても、予想以上の成果だった。全国で一斉に提訴されたこの「結婚の自由をすべての人に訴訟」を追いかけてきた私（松岡）にとっても、意外な判決だった。

判決によって、すぐに同性婚が法制化されるわけではない。しかし、判決についてのニュースは瞬く間に日本中を駆けめぐった。性的マイノリティの権利に敏感な海外メディアも、G7で唯一、同性カップルの法的保障がない日本での判決を素早く報じた。国会にも議論は広がった。文字通り「大きな一歩」だ。

今後、この画期的な判決による「うねり」がどこまで広がるのか。日本ではいつ同性婚が法制化され、「結婚の平等」が実現するのか。そして、それは性的マイノリティの家族にとってどういう意味を持つのか。

本章では、まず、画期的な札幌地裁判決について改めて振り返る。その上で、この判決が持つ意義と今後の司法の舞台での展開について、Marriage For All Japan代表理事の寺原真希子弁護士に読み解いてもらう。

もう一つ注目するのが、国会での議論だ。レズビアンであり、婚姻平等法案を推進してきた立憲民主党の尾辻かな子議員、LGBT理解増進法案の中心にいた自民党の稲田朋美議員に、なぜ世論の過半数が支持する同性婚を認める法改正が進まないのかを聞いた。

全国5カ所で一斉に始まった裁判

法律上同性のカップルが結婚できないことは違憲だと国を相手取って訴える今回の訴訟は、札幌・東京・大阪・名古屋の4地裁で2019年2月に始まり、同年9月に福岡地裁でも提訴された。その目標は同性婚が認められていない現行の法律は違憲であるという判決を勝ち取ることであり、その先には、同性婚の法制化という目標がある。

裁判所での戦いと同時に、当事者や弁護団、支援者らを中心に一般社団法人 Marriage For All Japan が立ち上げられたのも「結婚の自由をすべての人に」を合言葉に、その意義を社会に広く伝えていくためだ。

各地裁では当事者たちが原告として証言の場に立ち、また、証拠として提出されている。そこでは、結婚が法的に認められていないことが、どれだけ人生に影響をしているか詳細に語られている。

東京訴訟原告の小野春さんとパートナーの西川麻美さんは、かってそれぞれが男性と婚姻した際に出産した子ども3人と共に14年以上（提訴時）暮らしている。

小野さんが産んだ次男が4歳の頃病気になり、西川さんが入院手続きに行ったが、病院からは「同性パートナーでは手続きができない、離婚している元夫でいいので、血縁の親を連れてきてください」と言われてしまったという。意見陳述で小野さんは、「病院は、私と生活を共にしている西川よりも、当時、面会交流もなかった元夫が必要であると言ったのです」と当時を振り返り憤る。

数年前に小野さんは乳がんが見つかり、抗がん剤治療と左胸全摘の手術をしたことにも触れ、「がんだけでも十分すぎる恐ろしさなのに、西川が家族として認めてもらえるのか、手術の同意書や入院の身元引受人に西川を書いて大丈夫なのか、手術室までの見送りはできるのかと、次から次へと不安が襲い、自分が潰れてしまいそうでした。男女だったら、こんなに悩まなくてよいのにと考えると、歩いていても涙が止まりませんでした」と語っている。

同じく東京訴訟原告の佐藤郁夫さんは、同性パートナーのよしさんと15年以上共に過ごしていた。陳述では「普段、帰り時間を合わせ、スーパーで夕食の食材を買い、ときには外食もします。映画や録画したドラマを観たり、ユーミンなどのライブに行きます。私たちの日常は、男女の夫婦と何一つ変わりません」と話す。

38歳のときにＨＩＶに感染していることを知り「これからの人生はひとりで生きていくしかない」と思うようになった佐藤さんだが、そのときに出会ったのがよしさんだった。病気のことを知っても、よしさんは「あなたのことが好きだから、病気は関係ない」と言ってくれたという。交際10年目に、ＨＩＶ検査のイベントでふたりは結婚式も挙げた。

今回の訴訟に臨むため、婚姻届を地元の区役所に提出した。その際、不受理となることを前提に、結婚記念カードを発行してもらえたという。「このカードを見て、まるで結婚が認められたような気持ちになり、とても幸せを感じました。いつか本当に婚姻届が受理されたら、きっと感動して泣いてしまうだろうと思います」と語る。

さらに、こう続ける。「私はＨＩＶ以外にも病気を抱えており、寿命はあと10年あるかどうかだろうと覚悟しています。死ぬまでの間に、パートナーと法律的にきちんと結婚し、本当の意味での夫夫（ふうふ）になれれば、これに過ぎる喜びはありません。天国に逝くのは私の方が先だろうと思っていますが、最期のときは、お互いに夫夫となったパートナーの手を握って、『ありがとう。幸せだった。』と感謝をして天国に向かいたいのです」

しかし、佐藤さんの願いは叶わなかった。２０２１年１月、佐藤さんは脳出血で倒れ、亡くなった。享年61歳だった。弁護団によると、入院先でよしさんが勇気を出して病院側にパートナーであることを告げたにも関わらず、医師から親族でなければダメだと目の前にいるよしさんへの病状説明を拒否し、別室から佐藤さんの妹に電話をかけたという。最後の最後まで、家族として扱われず、不平等な扱いを受ける。こんな理不尽がまかり通っていていいのだろうか。

小野さんも佐藤さんも、穏やかで、柔らかく、お茶目で、いつも優しく語りかけてくれる。そんな性格をしているふたりが、共に死を身近に感じつつも、法廷で涙を堪えながら、自分たちのためだけでなく、次の世代を生きる人々のために、自らの経験と願いを語る。その言葉一つひとつが、とても重いものだった。

全国各地で、訴訟を戦っている原告の顔が思い浮かぶ。「いつか同性婚ができるようになったらいい」と呑気に言っている暇は残されていないのだと、改めて強く実感する。人権を守る最後の砦と言われる裁判所が、この現状を見てどう判断するのか。

2019年2月に一斉提訴されてから約3年。最初に判決が出たのは、最も進行が早かった札幌地裁だった。

判決の瞬間

記事冒頭の日付に戻る。2021年3月17日午前11時、開廷。武部知子裁判長の凛とした声が響き渡る。

「主文の言い渡しの後に、判決の理由を述べます」

傍聴席に座っていた私も、緊張でペンを握る手に力が入った。

「主文、原告らの請求をいずれも棄却する」

「棄却」という二文字が脳裏に焼き付いた。地裁で違憲判決を取ることが難しいことは知っていた。だが、期待もあっただけに気持ちが一気に沈む。

裁判長はこう続けた。

憲法24条は「異性婚」を想定しているため、同性婚を禁止はしていないが、保障しているとまでは言えない。つまり、同性婚を認めていない現行の法律は、憲法24条に違反するとまでは言えない

請求は棄却、そして憲法24条に違反するとは言えない。全身から力が抜けたように

落胆する。このまま完全に「敗訴」となってしまうのか。そのとき、裁判長が「異性愛者と同性愛者の差異は、性的指向が異なることのみ」と述べた。私は思わず、顔を上げた。

裁判長は「婚姻」の目的について、必ずしも子どもを産み育てるためだけでなく、永続的な共同生活の保障が本質であると指摘した。その点において、異性愛者と同性愛者の違いは「性的指向」のみであると述べたのだ。

さらに、性的指向は性別や人種と同じように、自分の意思で変更することができない属性であるため、圧倒的多数派である異性愛者の理解や許容がない限り、同性愛者が婚姻による法的利益を一切受けられないというのは、保護があまりに欠ける――これは、合理的根拠を欠く差別的取り扱いだという判断がされた。

したがって、本件規定は、上記の限度で憲法14条1項に違反すると認めるのが相当である

力強く、はっきりと述べた武部裁判長の声が、少し震えているように聞こえた。

原告側の席からは、弁護士が鼻をすする音が聞こえる。報道各社の記者が一斉に席を立って法廷を出る足音が響き、法廷内はざわつく。

涙を流す弁護団と原告の顔を見て、徐々に実感が湧いてくる。胸の中に込み上げてくるものを感じ、鳥肌が立った。明確な「違憲判決」だった。

国がこれまで同性婚を法制化しなかったことについては職務の怠慢とまでは言えず、原告らへの慰謝料の支払いまでは認められず、判決は「請求棄却」。形式的には原告の敗訴だが、違憲判決を勝ち取った「実質的な勝訴」となった。

結婚の目的は必ずしも子どもを産み育てるためだけでなく、その本質は共同生活の保障であると指摘し、自分の意思では変更できない性的指向によって、異性愛者であれば受けられる婚姻による法的利益を一切受けられないのは、合理的な根拠を欠く差別的な取り扱いであり、憲法14条が定める法の下の平等に反する。

Marriage For All Japanにとどまらず、それ以前から性的マイノリティの権利を訴えてきた長い運動の中でマイルストーンとなる、まさに歴史的な判決だった。

判決を待たず、法整備を

残念ながら、これですぐに同性婚が法制化されるわけではない。札幌地裁の判決後、加藤勝信官房長官は「(同性婚を認めていないことは)憲法に反するものとは考えていない」と述べ、国会では菅義偉首相も「他にも同様の裁判が続いていると認識しており、状況を見守る」と発言している。

訴訟は他にも東京、大阪、名古屋、福岡地裁で続いており、2021年度以降、順次判決が下されていく。札幌訴訟も、原告らは今回の地裁判決を受けて「国会に速やかな立法措置を促す必要がある」として控訴。今後、札幌高等裁判所で訴訟が継続することになる。

結婚の平等の実現を求めるMarriage For All Japan代表理事の寺原真希子弁護士によると、新型コロナウイルスの影響や各地の進行が異なるが、当初から２０２３年頃の最高裁判決を目指して訴訟が進められているという。

もし今後、最高裁で「違憲判決」が出れば、国会は同性婚を法制化しなければいけなくなるだろう。しかし、それよりも早く国会が動き、法制化することができれば、訴訟の目的は達成されることになる。

札幌地裁の違憲判決のニュースは新聞各紙の一面を飾り、海外の報道機関にも報じられた。ニュースアプリでトップに表示され、ＳＮＳでも多数拡散された。Twitter上では、全国各地の性的マイノリティ当事者が、このニュースを見て涙を流したという声も多く見受けられた。

判決は、日本でも同性婚が実現できるかもしれないという希望、その輪郭を一段明確にしたと言えるだろう。これは子どもを育てる性的マイノリティの家族の未来にも影響していく重要な一歩だ。

既存の婚姻制度が法律上同性のカップルにも適用されるようになれば、性的マイノリティの家族をめぐる困難を解消できるようになっていくだろう。それだけでなく、社会的にも、子どもを育てる性的マイノリティの存在も「多様な家族のあり方の一つ」として認識されるようになる大きな後ろ盾となる。

２００１年に世界で初めてオランダで同性婚が認められてから20年が経つ。オランダ・アムステルダムで、パートナーと子どもを育てているレズビアンの金由梨さんは、結婚に関する手続きで市役所に訪れたときのことを、東京レインボープライドのオンラインマガジンでこう綴っている。

〝ちょっとドキドキしながら「あの〜、同性結婚なんですけど」と書類を出したところ、「?」という表情をされ、「同性でも異性でも書いていただく書類は一緒ですが？（何か？）」。同性愛者だからといって「特別扱い」はないですよ、と正された気がして、恥ずかしく思った記憶があります。〟

金さんは、通っていた大学院に子どもを連れていった際、声をかけてくれた学生が、自身も女性の同性カップルに育てられた子どもだと教えてくれた経験もあるという。オランダに限らず、他の同性婚が法制化されている国では、公園に行くと同性カップルで子どもを育てている人を見かけたことがあるという話を聞くことも少なくない。

法律は、こうした多様な家族がありふれた社会の風景の一つとして溶け込んでいく、その大きな支えとなるだろう。

今、性的マイノリティの家族が直面している課題を解消するために、そして、これから子どもを持ちたいと思っている人たちが、法的にも社会的にも安定して日々の生活を送ることができるように。訴訟の判決を待たずして、日本でも早急な同性婚の法制化が求められる。

法はどう変わるか

寺原真希子（Marriage For All Japan代表理事）

札幌地裁が同性婚を認めていない国に対し、憲法14条が定める「法の下の平等に反する」と違憲判決を出したことは、LGBTQファミリー全体にとって大きな意味がある。「結婚の自由をすべての人に」と掲げて活動する一般社団法人Marriage For All Japan（マリフォー）の代表理事で、全国5カ所で提起された同性婚訴訟（「結婚の自由をすべての人に」訴訟）の東京弁護団共同代表でもある寺原真希子弁護士に、改めてその意義を聞いた。

聞き手＝古田大輔

――札幌地裁の違憲判決の意義を改めて教えてください。

画期的です。一般的に言えば、憲法訴訟において違憲判決を勝ち取ることは、非常に難しいんです。私は選択的夫婦別姓訴訟の弁護団でもありますが、そちらでは地裁レベルでも違憲判決を一回も取得できていないし、最終的に最高裁で憲法違反が認められた「再婚禁止期間訴訟」でも、地裁・高裁の段階では違憲判決は出ず、最高裁でようやく違憲判決となりました。なので、札幌地裁の違憲判決のインパクトは非常に大きかったと言えます。ただ、憲法14条違反という結論は素晴らしいものの、他の箇所に目をやると、不十分だと感じるところがあります。その穴を埋めつつ、最高裁では、より充実した違憲判決を出してもらうことが重要です。

――法の下の平等を定める憲法14条での違憲判決ということで、どう評価していますか。

国は「同性愛者でも異性とは結婚できるんだから、そもそも性的指向による区別自体がない」と主張していました。これに対して、札幌地裁は、そのような結婚は「婚姻の本質」を伴うものとは言えない、と一蹴しました。その上で、裁判所は、自分では変えられない性的指向によって婚姻できるか否かを区別することが「真にやむをえない区別」と言えるかを「慎重に」検討しなければならないとして、非常に厳格な審査基準を立てました。さらに、婚姻の目的について、「子の有無に関わらずふたりの共同生活自体を保護することも重要な目的だ」と明言しました。これらの点は、非常に高く評価できると思います。

――不十分と感じるのはどこでしょう。

婚姻の自由を保障する憲法24条について、これは異性婚について定めるものだと解釈して、同性カップルに結婚を認めないことは憲法24条違反であるという原告の主張を認めませんでした。これは、正しい解釈とは言えません。ただ、「憲法24条は同性愛者に法的保護を与えることを否定するものではない」と述べて、同性婚を認めるために憲法の改正は不要であること、つまり、法律を改正すれば足りることを明らかにしました。この点は評価できると思っています。

――今後、東京、名古屋、大阪、福岡と続いていきます。見通しはいかがでしょう。

裁判所は一つひとつ独立していて、法的には札幌判決の内容に拘束されません。が、事実上の影響力は否定できません。札幌地裁判決が組み立てた憲法違反の理屈を超える理屈を説得的に論じられなければ、合憲判決は書けないはずです。国が主張しているような「そもそも区別がない」という門前払いではなく、中身に踏み込んだ判決が書かれる可能性が高まったと考えています。

――国が「異性とは結婚できるんだから同性愛者を差別してない」と門前払いしようとする主張は確かにひどい。他にもこの主張はあんまりだと思うものはありましたか。

国は、「結婚できなくてもふたりで生きていくことは可能だから個人の尊厳は侵害していない」という主張もしています。結婚できないことが問題だと主張しているのに「結婚しなくてもふたりで生きていけるから問題ない」と答えるのは、的外れです。また、それ以外にも、国は、「ふたりの間にできた子どもを産み育てることが婚姻の目的だから、同性カップルが結婚できないことには合理性がある」という主張をしています。子どもがいない異性カップルでも結婚できますので、完全に矛盾していますし、差別的なダブルスタンダードです。先ほど申し上げたとおり、この点について、札幌判決は、婚姻の目的は「子の有無、子をつくる意思・能力の有無に関わらず、夫婦の共同生活自体の保護も、本件規定の重要な目的」だと明言してくれました。

――「異性とは結婚できる」「結婚しなくても大丈夫」「子どもをつくれないから結婚制度の対象外」。いずれの主張も無理筋に感じます。

異性と結婚できるからいいだろう、結婚できなくてもふたりでいられるから問題ないだろうなどという、誰が考えても論理的でない主張が、まさか司法の場で出てくるとは想定していませんでした。ただ、逆に言えば、国としては、そんな程度の反論しかできないところに追い込まれているとも言えます。同性愛者であるという理由で区別することに合理的な理由があるか、という議論を真正面からすると、合理的な理由を見つけることはできないので、屁理屈を言ってでも門前払いをしようとがんばっているように見えます。選択的夫婦別姓の裁判でも、国は同様に、「誰でも結婚すれば同性になるという点で平等だから、そもそも区別がない」と主張していました。

――同性婚訴訟と似た要素のある選択的夫婦別姓訴訟は、2015年も2021年も最高裁で負けてしまいました。

選択的夫婦別姓は、国内で議論されてきた歴史が同性婚より長く、さすがに第二次訴訟では勝つと考えていましたので、正直驚きました。2021年3月に最高裁から二度目の合憲判断が出た後に河北新報社による情報公開請求によって明らかになったことなのですが、2020年1月に、最高裁が、「複雑困難訴訟」（規範や基準のあり方が問題となるような、複雑で判断の難しい訴訟類型の総称）に関する裁判官の研究会において、「旧来の価値観を持つ人たちのことを全く無視したような判断はできない」など、新しい価値観が争点となる場面で司法が積極的に判断することに否定的な意見が相次いでいたとのことです。裁判所は人権の砦ですので、本来は、世論が追いついているか否かに関係なく、人権侵害は人権侵害だと判断すべき立場にあるのですが、実際には、世論がかなり高まっていないと、違憲判断を出さない傾向にあります。

――各種世論調査を見ると国民感情は十分に認める方向に行ってるのでは。札幌地裁判決もその変化の影響があるんでしょうか。

そうですね。これが5年前でも違憲判決が出たかというと、難しかったかもしれません。札幌地裁判決でも社会の変化が羅列されていて、自治体のパートナーシップ制度や企業の取り組みにも触れています。それらの変化はとても大きかったと思います。ただ、選択的夫婦別姓についても、国民感情はかなり高まっていましたし、国会にも法案が何度も提出されていましたが、憲法違反という判断は未だなされていません。同性婚については世論調査で賛成割合が70％を越えていますが、裁判所は、多くの要素を総合的に判断するので、最高裁の裁判官が自分の実感として、これはもう認めないとまずいなというぐらい世論全体の意識が高まらないと、なかなか憲法違反の判断が出ないというのが、残念ながら、憲法訴訟の歴史とも言えます。

――その中でマリフォーの活動は、司法の場だけでなく、わかりやすい情報発信や賛同企業や賛同議員を広げるなど多方面に及びます。これが多くの要素の変化を生む活動なんでしょうか。

同性婚がないことの問題点を弁護士同士で検討していた当初、2014年ぐらいだったかと思いますが、その頃はまだパートナーシップ制度もなかったし、アメリカで同性婚を認める連邦最高裁判決が出る前でした。なので、訴訟というかたちではなく、日弁連（日本弁護士連合会）に対する人権救済申立てというかたちで、同性婚がないことが憲法違反であることの問題提起をしました。それが2015年でしたが、その後、やはり訴訟提起をという話になったとき、まだ日本では同性婚の議論が広がっているとは言えない状況でしたので、裁判をしたら理屈では勝っても国民感情が高まっていないという点がネックになるかもしれないと考えました。そこで、ムーブメントも一緒に広げる必要があると考えて設立したのがマリフォーです。

――アメリカにおいては同性婚を認める最高裁判決が社会を大きく動かしました。まさに人権の砦であり、社会の変化にも対応するものです。一方、日本の裁判では立法府の裁量を広く考えるケースが目立ちます。

歯がゆいです。ただ、少しずつ変わってきてるんですよね。２０１３年の婚外子法定相続分差別違憲決定のあたりから、「法律については、憲法に照らして問題ないかが、不断に検討され続けなければならない」とか、「家族は大事だけど、家族の中にいる個人の存在も尊重する必要がある」とか、「自分ではコントロールできないことで区別されるのはおかしい」だとかいう判断要素が強調されるようになってきています。

――同性婚への反対でよく言われるのが「伝統的な家族観が崩壊する」という主張ですが、これに対してはどういうアプローチをしていくのがいいのでしょうか。

伝統的な家族観の崩壊を心配している人たちが大事にしようとしているのは、家族であることの一体感や責任なんだと思います。その点、同性カップルは、何も「新しい家族観」をつくったり「伝統的な価値観」を否定したりしたいわけではなくて、単に「家族」として認められることを求めているだけです。そういう意味では、「伝統的な家族観」を持つ人たちが大切にしているものと同じものを大切にしたいと考えているとも言えます。

――この本の中に登場するＬＧＢＴＱ家族も繋がりや一体感という意味では伝統的な家族と何も変わりません。ただ、日本では顔出しをしてその姿を知ってもらおうとするのはハードルが高い。世の中に知られていないし、国会議員も知らないのではないでしょうか。

おっしゃる通りです。残念ながら世の中に差別や偏見が根強く残っているために、真の家族構成を言えないという状況の方も多いですよね。この点、参考になるアプローチとして、選択的夫婦別姓の活動において、別姓である事実婚の両親の下で育った子ども自身が国会議員と会って、「家族としては幸せで、何も問題もなかった。『かわいそうだ』と思うのなら、それは社会の側の差別・偏見の問題です」などと、自らの気持ちを率直に伝えるといったことも行われています。

――法律をつくるのは国会である以上、議員へのアプローチは欠かせません。マリフォーでも国会議員のメッセージを集めてますね。札幌判決後の反応はどうですか。

影響は大きかったです。国会議員を招いて議員会館で開くマリフォーの院内集会には、これまで自民党からは参加者1名だったのが、判決後の2021年3月25日に開いた集会には自民党から5名の出席がありました（公明5、立憲民主18、維新2、共産5、国民民主2、社民1、沖縄の風1、無所属1）。賛同メッセージも増えました。対応しなければならない問題だと感じられたのだろうと思います。また、公明党は、札幌地裁判決を受けて「同性婚検討ワーキングチーム」を立ち上げました。先日、私もこのワーキングチームのヒアリングに呼ばれて、原告さんと一緒に札幌地裁判決の意義や実際に何に困っているかを話してきましたが、議員さんたちはとても熱心に聞いてくれました。公明党だけでなく、慎重意見を持つ議員が多い自民党の中でも、少しずつ動きが出てきているように感じます。

――国会との絡みでいつも言われるのが、票に結びつくのが結局は経済や社会保障、次に外交安保などで、個人の尊厳や人権の話題は選挙が気になる政治家にとって「不要不急」になってしまうということです。

そうですね。でも、人権の観点からおかしいと考えて動いて下さる議員さんも一定数います。また、この問題は第一に人権問題ですが、他の面にも影響を与えています。住む国を選べる人からすれば、同性婚などの法制度が整備されている国の方が魅力的です。国や企業が気にしている人材流出が、国が人権問題に正面から向き合わないことによって、実際に起こっています。

——人権問題に声を上げていくという点で言うと、アメリカでは俳優や歌手など著名人も積極的に「正義」や「公正」について発言をします。日本でもそういう発言が増えてきていると感じますか。

日本の場合、一般に政治的な発言がタブー視される雰囲気がまだまだありますよね。「調和」が重視される日本社会においては、積極的に発言することが難しいこともあるかもしれませんが、同性カップルはまさしく今の日本の家族制度に「調和」することを求めているとも言えます。

――「調和」という価値観は、「公正」などと比べると何かを変えようとするムーブメントに取り入れていくのが難しいのではないでしょうか。

気をつけているのは、「これが絶対正しいんだ」という価値観を押しつけるのではなく、個々の価値観を尊重しようというかたちで仲間を増やすことです。

台湾はキリスト教信者が多いので、日本よりも同性婚への反対が強いぐらいでしたが、２０１９年に特別法で認められるようになりました。台湾で同性婚が実現する過程で、人々の心を打った有名な短い動画があります。93歳のおばあちゃんが、レズビアンである孫が女性と結婚することを祝う動画なんですが、すごく優しい感じで、権利についての話などはせずに、「彼女は良い子、幸せならいいじゃない」とニコニコと笑いながら話すんです。もう一つは、お父さんの視点からの動画で、娘がレズビアンであることに最初は戸惑ったけれど、色々と勉強したり考えたりして、最後に行き着いたのは、子どもの幸せが自分の幸せだという単純なことだったと話すんです。どこにでもいそうなおばあちゃんやお父さん。もし自分が同じ立場に立ったら、自分も同じような道を辿るんじゃないかなと思わせるような姿が、多くの人の心を掴んだのではないでしょうか。マリフォーでも、同性カップルや性的マイノリティの苦悩を広く知ってもらうとともに、性的マジョリティも共感できるメッセージを出していく必要があると思っています。

――マリフォーの活動を通じて感じてきたことで、同性婚に賛成している人たちに伝えたいことはありますか。

世論調査で賛成割合が増えているのを見て、放っておいてもそのうち同性婚が認められるようになるだろう、と感じている方もいるかもしれません。が、同性婚は「いつか」実現できればいいという問題ではありません。今、この瞬間も、同性婚がないことで将来の自分を思い描くことができず、生き悩んでいる人たちがいます。１日でも早い実現が必要で、そのためには、「静かな賛成」では足りません。Twitter で同性婚に関する情報を拡散する、裁判を傍聴する、同性婚賛成の署名をする、自分の地元から選出された国会議員に「同性婚を早く実現させて下さい」という手紙を書くなど、何でもいいのですが、ご自身ができる範囲で、具体的なアクションを起こしていただくことが、速やかな同性婚の実現へと確実に繋がっていきます。

――反対している方に伝えたいことは。

想像してみていただきたいと思います。遠いどこかにいる誰かの話ではなく、隣にいる友人やあなたの子どもや孫が性的マイノリティで、同性婚がないことで生き悩む日々を過ごさなければならないとしたら、そのとき自分はどう考えるだろうかと。また、同性婚がないのは、性的マイノリティに何か非があるからではなく、性的マジョリティがこの問題に無関心で、結果として差別を放置してきたことによるものです。その意味で、私も含め、性的マジョリティには、現状を変える責任があり、まさにこの問題の「当事者」であるということを、考えてみていただけたらと思います。

政治はどう変わるか

尾辻かな子（立憲民主党）

同性婚を認めない国に対して違憲判決を突きつけた札幌地裁。一方で、国会の動きは目立たない。レズビアンであり、婚姻平等法案を推進してきた立憲民主党の尾辻かな子議員に、政治の世界の実情を聞いた。

聞き手＝古田大輔

――札幌地裁の判決、予想してましたか。

正直言って、違憲判決は予想していませんでした。よくある「立法の裁量の範囲」という判決じゃないかと思ってました。期待して傷つきたくないという気持ちがどこかにあったのかもしれません。同性婚が認められていない状態が、憲法14条違反だという判決には「本当にすごい！」と事務所でも盛り上がりました。

――法の下の平等を定めた憲法14条違反。この点をどう考えますか。

同性婚裁判の論点で憲法13条（幸福の追求）、14条（法の下の平等）、24条（両性の合意）とある中で、わかりやすい論理構成の判決だと思います。憲法を身近に感じることはそうそうないですが、「すべて国民は、法の下に平等であって、人種、信条、性別、社会的身分又は門地により、政治的、経済的又は社会的関係において、差別されない」という憲法14条が私たちの権利を守ってくれるんだと感動しました。法の下の平等に私たちは守られているんだ、と。

――国会では同性婚を認めようと婚姻平等法案を出していますが、国会の動きより早く司法の場で違憲判決が出た。このことについてはどういう感想を持ちますか。

国会はいつも最後ですね。婚外子の相続分の差別も、建設アスベストも、最高裁が違憲と言ってから国会が動いた。ハンセン病の家族補償も判決が先でした。声を上げて原告になる人がいて、裁判を戦って、勝って、そして国会が動く。婚姻平等法案を提唱した私たちとしては、最高裁まで皆が戦う前に法律を成立させたいんです。

——なぜ、国会の動きは後になるんでしょうか。最高裁まで長い時間戦わなければならない原告の負担は重く、1日も早い同性婚の成立を願っている人たちがいます。

二つ理由があると思います。一つは国会には当事者に寄り添って考えられる人が少ない。マイノリティの権利や人権に関心を向けてない人が多い。自分事として痛みを捉えられる人が小選挙区の中で勝ち残れないんです。エリートや二世、三世が多く、人権問題など知らない、わからないという人が多いと感じます。ジェンダー平等でもそうです。選択的夫婦別姓がなぜ通らないのか。衆議院は男性9割ですから名字を変えることの不便さが、当事者性の低い彼らにわからない。コロナ禍で言えば、特別定額給付金の受給権者が世帯主となっていて妻には受給する権利がない。これも世帯主には問題がわからない。自分の10万円が夫に入る悔しさを自分事として考えられない。育休もそう。5割の人が出産や妊娠で仕事を辞めているけれど、これも自分事にならない。

もう一つは、自民党の支持団体に日本会議や宗教団体があること。ここは、明治以来大正くらいに一般的になった近代家族を伝統的家族とみなしそれ以外の家族のあり方を排除する考え方に立っています。支援してもらっている団体と意見を異にすることは難しいと思います。

もう一つ言えば、同性婚に反対だったとしても選挙には落ちないこと。若者たちは「何で同性婚がないの」ぐらいの感覚があるんですけれど、彼らは人口も少なく、投票率は20％ぐらい、30代30％、40代40％と言われるように年代ごとに上がっていく。政治家たちの中には、票が少ない若者世代が賛成する話題に賛成しても当選が近づくわけではないと考える人もいるのではないかと思います。

――そんな国会での婚姻平等法の反応はどうでしょう。

世代の差があります。私の党内でも同性婚に慎重な意見も聞こえます。自民党の中はよくわかりませんが、超党派のＳＯＧＩ議連で議論しているのは、どちらかというとＧＩＤ特例法でホルモン療法の保険適用などが中心です。同性婚の議論はＳＯＧＩ議連でやっていないんですよ。自民党の性的指向・性自認に関する特命委員会の資料を見る限り、「憲法24条の『婚姻は、両性の合意のみに基いて成立』が基本であることは不変であり、同性婚容認は相容れません。また、一部自治体が採用した『パートナーシップ制度』についても慎重な検討が必要です」とわざわざ書いてあったり、同性婚には明らかに消極的です。伝え聞く感じでは「憲法24条に両性の合意って書いてるんだから、同性婚を認めるなら憲法改正だ」という話をしている人が多いようです。

――世論調査でも世代の差は現れていますが、ほとんどの世代で賛成が圧倒的です。18～29歳86％、30代80％、60代でも66％です。しかし、70代以上だと37％で認めるべきではないの41％と逆転する。国会で反対論が根強いのは、政治家も年齢が高い上に、政治に関心の強い高齢層の意見が反映されがちなシルバーデモクラシーなんでしょうか。

そういう面はあります。ただ、年齢が高ければ同性婚に反対でＬＧＢＴＱに理解がないというわけでもない。杉田水脈さんの「ＬＧＢＴには生産性がない」という発言のとき、地域の盆踊りに参加したら、そこの連合会長さんからいきなり「本当に杉田発言はダメだよね！」と声をかけられたこともあります。世の中の意識は変わってきました。日本が海外と違うのは、大きな反対の理由が宗教などの根本的なものじゃないこと。世間はそのことをどう捉えるかという世間体を気にする感覚があると思います。例えば、安室奈美恵さんが妊娠して結婚したときに、昔だったら「未婚の妊娠は倫理的に許されない」みたいな声が広がったかも知れない。けれど、それが安室さんの頃から「おめでた婚」みたいにポジティブに変わった。認識の変化は早い。同性婚もそんな感じになっていくのでは。

――しかし、国会の変化は遅い。反対派の議員との間で議論はしているんでしょうか。

報道番組などに出たときに議論したりはありますが、あまりありません。立憲民主党ＳＯＧＩプロジェクトチームの事務局長ですが、交渉事は基本的に座長がやります。超党派議連では同性婚まで議論が進んでいませんし、いきなりアポを取って反対の人に会いに行くということもありません。

――議員同士が直接議論する機会が少ない中で、菅首相への質問は数少ない機会でしたね。

１年生議員が菅総理に予算委員会、テレビ中継入りで質問をさせて頂ける機会はめったに回ってきません。オリンピック・パラリンピック東京大会の多様性と調和というコンセプトに資する政策がなく、同性婚もない今の日本の状況を当事者として質問できる良い機会となりました。時間がなく質問を端折った部分もありますが、菅総理にしか答えられない質問をぶつけました。それが、総理の家族が当事者だったときに、総理は受け止めるかどうか、という質問でした。これはアメリカでもブッシュJr.政権時のチェイニー副大統領が娘がレズビアンであることと、政府の同性婚を認めないという方針の間で葛藤した問題です。総理の答弁は、検討に検討を重ねるというもので、認めないのかとがっかりしました。受け止めるくらいは答弁してほしかったです。

——尾辻議員の衆院予算委員会の分科会での質疑も話題になりました。衆院法制局が憲法は同性婚の法制化を禁止していないし、むしろ法制化を要請している説もあり得ると踏み込んだ見解を述べました。

「憲法13条や14条などの他の憲法条項を根拠として、同性婚の法制度化は憲法上の要請であるとするような考えは十分に成り立ち得る」。憲法は同性婚を許容しているというだけでなく、要請説にまで触れました。こういう答弁が出ると嬉しいですよね。内閣法制局や法務大臣が繰り返す「同性婚は想定していない」という答弁に自分は傷つけられてきたんだと感じました。

予算委員会で総理に質問するという動きが話題になりやすい表の動きだとしたら、衆院法制局に憲法についてしっかりと語ってもらうような裏の動きも大切。ああいう答弁が出てくるまで、各方面で議論を繰り返しました。婚姻平等法案などの動きも含めて裁判官たちも意識していますよ、と言ってくれる人もいます。いろんな人の、そろそろ日本は変わるべきだという動きが結集している気がします。

――LGBTという言葉が国会議事録で初めて確認できるのは2012年。取り上げられる頻度が増え、関心の高まりと共に議論は深まっていますか。

そう感じます。同性婚に関する議論に関しても、国会で本格化するようになったのは2015年の渋谷・世田谷の同性パートナーシップ証明書から。それまでも井戸まさえさんや私自身もLGBTQの人権には触れてきたけれど、同性婚にまで踏み込むことはできませんでした。今では議員の中でも同性婚に触れる人は増えてきています。変わってきた証拠です。

――尾辻さんが初めて立候補した2007年、「LGBT100万票」という言葉が飛び交

いました。人口的にはそれぐらいはあるだろう、と。しかし、尾辻さんが獲得したのは3万2000票。あの頃と何が変わりましたか。

2007年は、当事者の中でも支持を広げられなかったですし、そこからの広がりもなかった。今よりもさらにカミングアウトが難しい状況で、例えば、「尾辻に入れよう」と家族や友人にも、職場でも言えない。当事者以外で積極的に支援してくれるアライの人たちも少なかったです。

その後も本当に苦労しました。小選挙区で戦おうと思ったら、広く支持をお願いしないといけませんが、性的マイノリティということで「小選挙区で君は勝てないでしょう」とか「あなたがカミングアウトしていなかったらよかったけどね」とはっきり言われたこともあります。私が国会議員になれたのは奇跡と言えます。2017年に立憲旋風が吹いたから。私が当選すると思っていた人はほとんどいなかったでしょう。

――それが今は国会でSOGI議連の立憲民主党ワーキングチームの事務局長であり、婚姻平等法案にも中心的に携わり、国会での発言がメディアでも報じられるようになりました。

今までは「尾辻がＬＧＢＴＱについて発言したら保守層の支持が逃げていくのではないか」と懸念されてきたところがあります。それが今では、こういう議員がいることも大事だと立憲民主党になって、初めて評価されるようになったと感じます。

――地元での受け止めも変わりましたか？

新型コロナウイルスの影響で、街角に立って活動することができていなくて、最近の反応については正直わからないところがあります。私自身はこれまで、レズビアンであるということをすごくアピールしてきたわけではありません。地元の国政報告などでも、語るのは主に一般的な政治情勢についてです。肩書きにはＬＧＢＴ政策情報センター代表理事と入れていますが、それもその立場をアピールしているというより、批判的な人たちから「隠しているのか」というバッシングを受ける可能性があるからです。もちろん、ＬＧＢＴＱについてTwitterなどで積極的に発信していますが、それだけを話していても地元での関心の広がりには限界があります。

――マイノリティの権利や公正に関する話は有権者の関心を広く引きつけるのは難しい。関心時は経済や社会保障ということはずっと言われています。でも、誰かが訴えないと人権などの課題は動かない。この矛盾をどう解決すれば良いでしょう。

それはあります。枝野代表が先日、インタビューにこう語っていました。「選択的夫婦別姓の議員立法を何度も提出した私でも、地元で積極的にこの問題を訴えることはしません。多くの人は反対ではなくてもメインの問題ではなく、反対派はネガティブキャンペーンをするから」。参院選挙で立憲民主党は多様性を訴え、女性候補者を増やし、選挙の候補者を男女同数にするパリテを目指すと掲げましたが、結果として得票はそれほど伸びなかった。

それでも、私は次の衆院選で、五つぐらい大きな論点があるとしたら、その中に同性婚と選択的夫婦別姓は入れるべきだと思っています。それくらい、ジェンダー平等に対する世の中の感覚が変わってきた。今までだったら、森発言もあそこまで炎上しなかった。世の中は変わっています。

――過去のデータから「票にならない」という分析は理解できます。しかし、例えばアメリカでは、民主党の若手アレクサンドリア・オカシオ＝コルテス議員がInstagramやTwitterなどで、マイノリティの権利や気候問題などを積極的に発信し、そのスタイルが若い世代にも刺さっています。

私たちはその層にリーチできていません。私も今46歳。立憲民主党全体でも30代の議員は数人。もちろん、アメリカのサンダース議員のように、ベテランで若い層の支持を受ける政治家もいますが、例えば、デンマークは首相が40代前半で閣僚は30代や40代が中心。私たち自身ももっと若い世代の政治家が活躍して、若い世代にメッセージを発信していかなければいけないと思っています。

――新しい価値観で世の中を変革していく若い世代に政治家の声が届いていないし、届かないから若者世代の政治意識が高まらず、変革に繋がらない。この鶏と卵の問題をどう解決したら良いでしょう。

立候補する年齢を若くするべきじゃないでしょうか。今は衆議院が25歳、参議院は30歳。しかも供託金が高い。私は選挙権と同じ18歳で良いと思います。他国では、選挙候補者の一定割合を女性にするだけでなく、若い世代にする取り組みもあります。自分の世代が議員に増えると親近感が湧く。今の日本では二世、三世議員や後ろ盾のある人たちが圧倒的に有利で、若い世代が政治に関心を持っても当選できない。だから関心も高まらない。当選せずに諦めてしまうと、候補者の使い捨てになってしまう。そうすると、弁護士や医師など、落ちても仕事がある人しか挑戦できなくなります。企業に勤めている人が政治に挑戦してまた帰ってくるみたいなキャリアの柔軟性を確保するための休職制度をつくることも大切だと思っており、党として公職選挙法改正案を提出しています。

――Z世代（10代後半〜20代前半）を考えると、教育も重要なのでは。

政治や社会に主体的に関わっていくことを学ぶ「シティズンシップ教育」が重要です。日本では公民のような授業はあっても、政治的な話題は「党派性を帯びるから」と避けてしまう。民主主義を学ぶ現場としての学校や地域について、「あなたの意見はどうなのか」とお互いに話し、議論するトレーニングが不十分です。黙ること、わきまえることではなく、自分の意見を言って、自分たちの学校のルールも上から降ってくるだけではなくて、自分たちで決めていく。そういう学びや体験が必要です。そのためには、学校の先生たちだけでなく、地域に住む私たちもコミュニティのために使う時間を持たないといけない。仕事で忙しすぎる生活で、大人も政治のことを考える時間がない状況では、子どもたちも家族でそういう議論をする時間も持てないし、関心を持てないというのが正直なところでしょう。

――学校や地域の出来事が政治に繋がっていることを知ってもらう。逆に言うと、そこですら関心を持てないと、一足飛びに国政に関心を持つことは難しいですね。

国政だけでなく、自治体の議員のあり方も変わってもいいですね。そして国会議員も自治体議員も例えば、高校などの現場でもっと話をする機会ができると良いと思います。国会議員は国会で政府に質問することはあっても、実は議員同士で真剣に議論をするという場はあまりない。そういう議論をもっと深め、その議論を知ってもらうことも大切だと思います。

――よく生きるということについて道徳を語る、それはとても重要なことだと思うんです。

選挙のときにみんなが気にするのは経済・社会保障、これは世界中どこでも変わらないと思います。それと比べると同性婚は当事者か当事者の家族か、当事者の友人でないと正直よくわからないという人が多い。だからこそ、日本が人を不当に扱う社会でいいんですか、と語る政治家が必要なのではないでしょうか。

人権を守るとか人権とは何かという意識が弱いんです。差別と言われただけでそんなことはないみたいな。差別に対するアレルギー、言葉に対するアレルギーがあってＬＧＢＴ差別解消法も法案の中身の精査の前に感情的な反対になっているように見えます。何も物が言えなくなるじゃないかって、そのくらい人権に対しての認識が希薄なんです。

今回この判決が出たときに、司法の中に人権が生きていた、14条1項の平等原則って本当にあったんだみたいな感じがするくらいに。同性婚をめぐる戦い方もアメリカなどと違いますよね。アメリカでは「justice（正義）」や「fair（公正）」という言葉をみんなよく使って、法の下の平等だ、これが正義だっていうことでやります。日本では政治家に陳情するときは、かわいそうな私たちを助けてくださいという家父長的な保護を求める言い方をしないと、自民党の人たちは聞く耳を持たないことが多いです。

――そんな中で、森さんの発言があれだけの反響を呼び、結局辞めることになった。5年前だったら起こってないと思うんです。世の中は変わった。国会はどうでしょう？

変わりつつありますけど途上ですよね。森さんがなぜ辞めたかっていうと、メディアに女性記者が増えたからだと思っています。問題だと思う男性記者も中にはいたけれども、芽にならなかった話が女性記者がおかしいっていうことがデスクとかにも言いやすくなった。昔とかはね、同性愛の話ってデスクで止まったみたいな。今でも若干止められることはあるらしいんですけど、それが記者さんたちに女性が増えたのは大きいなって思いますね。

――世の中が変わり、世論調査が変わったって言っても、選挙の票が動かない限り政治は変わらないという人が多いです。

変わるのが早いのは最高裁判決だと思います。違憲判決が出たら変わる。ただ、それでも時間がかかります。臓器移植法のときのように、党議拘束を外して議論ができないかと思いますが、自民党では同性婚などはまだ議論する段階にないので党議拘束を外すことも難しいでしょう。あとは選挙。自民党政権で選択的夫婦別姓も同性婚もできないのなら、私たちに変えさせてほしいと訴えたい。基本的政策の中に同性婚も選択的夫婦別姓も入っているのは大きな違いの一つだと思います。それが皆さんの投票行動に関連する話題になるといいなと思っています。

――LGBT理解増進法案をめぐっては、超党派の議連で合意ができたけれど、最終的には自民党内の反対があり、法案を提出できませんでした。

超党派案がまとまったときは、LGBT議連の馳浩会長ら自民党の人たちも山場は越えたねという雰囲気でした。だから、自民党側が自ら出してきた「差別は許せないという認識の下」という文言が問題視されて提出ができなくなるなんて思っていませんでした。本当に残念で悔しい。私たちとしては自分たちが目指していた「差別解消法」の方が良い案だと思っていましたが、超党派で合意するために、譲りに譲って、実際の差別解消の方策もない理念法に合意したのに、それすら賛成を得られなかった。先日、最高裁で判決が出た選択的夫婦別姓もそうですが、自民党にやる気がないのであれば、政権交代しかないと改めて感じます。

——しかし、世論調査などを見ても、立憲民主党など野党への支持は弱いのが現実です。

野党第一党は本来、政治の受け皿になるべき社会の公器であり、健全な民主主義には不可欠な存在です。結党から4年の立憲民主党はまだ組織が弱い。国会議員だけでなく、地域に密着して顔が見える活動をする自治体議員、当落に左右されずに経験を積むベテランの職員、それらが強化されないと持続可能な政党に育たない。飛び道具のように合流などに頼るのではなく、学生たちのユースグループから積み上げるような強化が必要です。

先日、プライド月間でアメリカ大使館のパネル討論にゲストに呼ばれました。4年ぶりのことです。なぜ、そんなに時間が空いたかというと、トランプ政権ではLGBTQ関連のイベントがぴたりと止まったから。前任のオバマ大統領、ケネディ大使の頃とは全く違いました。バイデン政権になって再び動いた。それぐらい、政権交代は影響力が強いんです。自民党の政治では実現できない多様性ある社会を実現したいです。

稲田朋美（自由民主党）

政治の世界で性的マイノリティの権利保障への最大の壁となっているのが、与党・自民党だ。注目を集めたＬＧＢＴ理解増進法案も、党内からの批判で提出に至らなかった。推進派として法案の取りまとめにあたった自民党の稲田朋美議員に話を聞いた。

聞き手＝古田大輔

――札幌地裁判決をどう捉えていますか。

よく考えられた、複雑な判決だと思います。同性婚を認めていないことは憲法に反しないが、異性同士の法律婚をした人が得られる法的な利益が同性カップルに何一つ与えられていないことが憲法14条に違反をしている、という判決です。性的指向について、自分の意思で変えることができないものであり、治療対象になる病気でもないと明言しています。憲法14条の「国民は、法の下に平等であって、差別されない」という問題だということです。

一方で、憲法24条の「婚姻は両性の合意のみに基いて成立」という規定自体は、男女を想定しているということで原告の主張は退け、幸福追求権に関する13条でも退けた。14条違反なら同性婚を認めてないことが憲法違反になるのかと言えば、そこは少しひねってあって、同性婚を認めていないのが憲法違反ではなくて、法的な効果が一切認められていないことが憲法違反だとしてます。判決の考え方は私たちが進めるLGBT理解増進法の方向性にある意味一致していると感じました。

——どう一致しているんでしょう。

性的指向について、病気や趣味でしょう、変えられるでしょうとか言われますが、そういうことではない、不可逆的なものだと判決は言っている。私たちが理解を進めようと思っているのもその点なのです。また、同性婚を認めるということではなくて、その素地を皆が理解し、納得して初めて議論ができると自民党は考えています。

——理解が進んでいないからまずは理解増進ということですが、判決では世論調査などを例に、社会でも理解が進んでいると指摘しています。

いえいえ、まだまだ保守層の理解は進んでいません。ＬＧＢＴＱの方々の置かれた立場や状況、さらにはどういう思いをされているかなどへの理解が国民全体に広がった上で、ようやく同性婚を認めるかどうかの議論も可能になると思います。

――原告やその関係者の方々には、残念ながら判決を見ずに亡くなる方もいます。いつまで議論が熟すのを待てばいいのでしょうか。

期限を区切るのは難しいですが、理解は進んできています。自民党で特命委員会を立ち上げたときには、なんでそんな議論をするのかという反応でした。立ち上げの次の年に理解増進法を出そうとしたら大反対で潰れました。今回、特命委員会を通って、何とか通常国会で議員立法として提出できるところまで来ました。残念ながら、与野党協議を経て法案の目的に「差別は許されないという認識の下」という文言を入れたことなどに対し、党内の慎重派の反対があり、今国会では時間切れで法案を通すことができませんでしたが。

今回の裁判や判決が出たことも、批判の声もあるものの、理解が進むきっかけになっています。この法律が成立すればさらに進むでしょう。この法律が成立しても意味ないという批判もありますがそんなことはありません、自民党は省庁に対してＬＧＢＴ理解増進に向けた33項目の投げかけをしています。行政を進める上で法律があるかないかで全然違う。法律ができることで、政府が理解を進めるための計画をちゃんと立てて、３年に１回見直ししようという政府全体の動きに繋がります。学校での教育なども、法律が根拠となれば、理解が進んでいきます。

――東大谷口研と朝日新聞で、毎回国政選挙の候補者に政策に関するアンケートをしていますが、自民党候補者でも同性婚や選択的夫婦別姓に明確に反対する人は減っています。

社会が変わってきているからだと思います。多様な選択肢を増やすことが日本社会にとって良いことだと自民党の中からも声が出てきた。今まではそうじゃなくて、自民党が守るべきものは「伝統的な家族」であって、多様な家族ではないという考えがあった。保守はこうあるべき、家族とはこうあるべきというのがあった。けれど、それだけで世の中の問題は解決できないし、より多くの人が幸せを感じるための選択肢を示すべきだという考えが党の中でも出てきています。

――そこには世論調査の結果や、諸外国で同性婚が法制化されるなどの変化が影響しているのでしょうか。

もちろん、それもあります。政治は世論調査の結果には敏感です。諸外国の変化やオリンピック憲章なども影響しています。マスコミでもＬＧＢＴＱに関して、差別問題などを取り上げる機会は増えていますよね。そうするとああいうことを言うのは良くないなどと理解が広がってくるわけです。

――ＬＧＢＴ理解増進法案について、差別禁止法というかたちを望む声が当事者団体や野党からありました。なぜ、差別禁止ではなく、理解増進だったんでしょう。

「差別禁止」にすると、理解が進んでいないがゆえに差別的な言動をしてしまった人を罰するのかという問題が出てきます。これまで問題になってきた政治家の発言も本人たちは差別しようとは全く思っていません。差別や貶めるという意図はなく、無理解から悪気なく言っている。本人たちは「何か悪いこと言った?」ぐらいの感じなんです。差別禁止というと「何が差別か」を決めないといけない。理解が進んでいないところで、差別の中身を決めることはできません。もちろん差別が許されると言ってるわけではなくて、一般的に差別自体はもちろん憲法14条違反だけれども、まず理解増進から始めて、それによって差別をなくしていこうというのが理解増進法です。もちろん雇用の現場における不当解雇や昇進などについての不当な差別については、理解増進法という基本法をつくった上で、検討していけばよいと思います。

――差別禁止という言葉を入れると、いや、俺は差別者じゃないみたいな反発があるのでしょうか。

差別解消と言った途端にいきなり同性婚を認めることになると思っている議員もいるようです。自民党は同性婚を認めるべきではないという立場ですから。

――同性婚に関しては認めるべきではないという意見が根強いことの根底にあるのはなんでしょう。

それは、まだこの問題が全く議論されていないからだと思いますし、「伝統的家族」

に反するということだと思います。

――同性婚や選択的夫婦別姓を阻む、伝統的な家族観って一体何なんでしょうか。

「伝統的家族」という言葉で、切り捨てられることは良くないと思います。未婚のひとり親のときもそうでした。しかし「伝統的家族ってなんですか」と聞いたら、明確に答えられる人はあまりいません。漠然とお父さんとお母さんがいて、子どもがいて、お母さんが家事育児をやるイメージがなんとなくありますよね。しかし、今は家族が多様化しています。いろんな家族がある中において「伝統的家族」じゃないといけないとなると、そうでない家族はどうなるのかと思います。

重要なのは、「伝統的家族」というかたちで守りたいものは何か、ということです。それは家族の絆だったり、人と人との信頼感だったり、自分の拠り所、帰属意識、地域や国など共同体に見出す日本的な価値を守ろうとしているのだと思うのです。だとすれば、その守ろうとしてきたものを守るために何が必要かを考えるべきであって、かたちを守ることが目的ではないはず。そのことをずっと考えてきました。

――稲田さんは保守政治家を自認してきましたが、その変化はどこから生まれているのでしょう。

今でも保守政治家だと思っています。守るべきものを守るためには、大胆に変えることも必要だと思っているだけです。また、元々弁護士だったので人権感覚は強かったと思うんですね。だから、ＬＧＢＴＱの問題も基本的人権の問題だと捉え、特命委員会も政調会長のときにつくったのです。また防衛大臣を辞任したときに、非常に批判されたことで主流から外れた人の気持ちというのが自分事になりました。それは自分にとってとても大きかったと思います。そこからひとり親の課題や、困っている人たちに目が向くようになりました。

――そういった困っている人を政治の力で助けるという場合に、最高裁の判決が出てから政治が動くということが少なくありません。なぜでしょう。

判決が出てから国会が慌てるとすれば、それは立法の仕事を果たしてないと思うんです。最高裁で判決が出る前に自民党としての方向性を出していく責任があると思います。与党の意見で政治の流れは変わります。

――自分たちを支持している団体が反対しているから、自分たちもそういう価値観を持っているから、単に優先順位が低いから、どれが理由として大きいのでしょう。

三つ全てが当てはまるんじゃないでしょうか。何も今、選択的夫婦別姓を議論しなくてもいいじゃないかとか、LGBTQのことをやる前にコロナ対応やった方がいいとか。そういう優先順位があるという人がいますね。支持母体に気を使うというのもあるし、これらの問題をイデオロギー闘争と位置づけている人たちも政治家には結構います。要するにこれは家族か個人か、左翼か保守か、右か左かというイデオロギー闘争の象徴なんだと。さらには家族を崩壊させる運動をやってるんだという陰謀論的な捉え方をしている人たちもいます。

――自民党の議員にもそういう捉え方をしている人たちがいるということですか。

いるでしょう。でも、そういう時代ってもう終わったんじゃないかなと私は思うんです。家族解体とか戸籍解体とか、国を壊す反日運動なんだっていう考え方は、違うんじゃないかと思うようになりました。

――世論調査を見ると20代30代は圧倒的に賛成が多い。40代50代でもすでに賛成の方が多くて反対が多いのは70代以上だけ。ただ、国会議員の方と話すと、地元で政治に関心があって意見を言ってくれる人は高齢者が多いから、その影響を当然受けてしまうという声を聞きます。

そういう面もあると思いますよ。ＬＧＢＴＱの話題に限らず、例えば、女性活躍は全く興味ない人が多くてキョトンとされてしまう。変えていくのがすごく難しいという気持ちになります。政治家は地元の支持者の反応を見ますから。そうすると、これはずいぶん優先順位が低いなとなってしまいます。

――当事者たちも自民党議員に現状が伝わっていないという懸念があります。

党がＬＧＢＴＱの問題を取り上げるからこそ、ＬＧＢＴＱの当事者の人たちも来てくれるし、女性のひとり親について取り上げると、シングルマザーたちが来てくれる。接点がないのは、その政治家がその問題を取り上げてないということです。自民党が女性や若手の国会議員を増やせば、女性や若い世代の問題が身近な課題になりますが、課題にならなかったら議論もできないでしょう。

女性活躍に取り組むべきとか、ＬＧＢＴＱの理解を深めましょうとか、婚姻前の氏を法的に使えるようにしましょうと声を上げて、ようやく、「うるさいやっちゃな」と思いながらもちょっと考えようという風に変わってきたのが今です。より多様な議員が出て来ればいいし、そういう人をスカウトすることが大切だと思います。

――最後に保守とは何かについて、改めて聞かせてください。僕自身は福岡の下町、神社の隣で生まれ育ちました。地域の祭りや歴史を大切にするコミュニティで、稲田さんが言うような絆や繋がりを大切にする保守的な価値観がとても強く、僕自身もそういう地元に愛着があり、本質的には保守的な人間だと思っています。一方で、選択的夫婦別姓や同性婚については、人間同士お互いに差別せず、公正に生きていくために当たり前に認められるべきだと感じます。なぜ、保守派を自認する人たちが、公正の問題であるはずの選択的夫婦別姓や同性婚に反対するのでしょうか。

私にとって昨年は「保守とは何か」を考える1年でした。「あなたは保守ではない。左翼だ」という批判を保守派から受け続けたからです。私は自分を保守だと思っていますが、いろんな人からあなたは保守じゃないと言われ、保守陣営から締め出され、保守的な雑誌にも、例えば、私が提唱する「婚前氏続称制度」について書かせてもらえなかった。これは夫婦同姓を維持しながら婚前氏を法的に使えるようにするものなのに。

そんな中で保守ってなんだろうと思ったときに、寛容であり、謙虚であること、自分は間違えるかもしれないから、先人が積み上げてきた文化だったり、風習だったり、伝統だったりを大切にすることだと思います。そのときに守るのは「伝統的家族」という入れ物ではなくて、伝統的家族が培ってきた共同体の温かさや信頼関係、お金より大切な何かだと思うんです。それは地域社会、コミュニティに価値を見出すことだったり、家族を拠り所にすることであったり、日本的な価値を大切にすること。それが私は保守なんだと思います。

何を守るかを明らかにした上で、それを守る。氏の問題も、ＬＧＢＴＱの問題も、人がお互いを信頼して絆を持って生きていく社会をつくるためには、それを妨げるものがあるなら、勇気を持って変えていくべきです。ＬＧＢＴＱの当事者たちに言われてはっとしたことがあります。「自分たちも伝統的家族をつくりたい」という言葉です。本当にそうだと共感しました。保守は何を守るのか。私たちは自ら明らかにしないといけないと思います。

取材を終えて

古田大輔

札幌地裁の違憲判決について、尾辻かな子議員に聞いた言葉が、今も耳に残る。

「憲法14条が私たちの権利を守ってくれるんだと感動しました。法の下の平等に私たちは守られているんだと」

そう。憲法14条に、はっきりと書いてある。「すべて国民は、法の下に平等であって、人種、信条、性別、社会的身分又は門地により、政治的、経済的又は社会的関係において、差別されない」

札幌地裁の判決は、性的指向が「人の意思によって、選択・変更しうるものではない」と指摘した。また、婚姻の目的は明治民法の時代から「男女が夫婦の共同生活を送ることにあり、必ずしも子を残すことのみが目的ではない」と明確に述べた。

異性愛者に明日から同性愛者になれと言っても不可能なように、その逆も不可能だ。子どものいない夫婦はいくらでもいる。札幌地裁のこれらの判断は、２０２１年の現代において常識的なものだ。

その上で、法的に結婚することで異性愛カップルが受けている様々な恩恵を同性愛カップルが受けられないという区別が合理的かを検討している。

判決は、次のように結論を導き出す。

明治時代においては、同性愛は精神疾患だと考えられていたために、同性婚は認められなかった。しかし、同性愛は精神疾患ではなく、自分で変えられるものではないことはすでに確立した知見だ。それなのに、結婚による法的な利益を全く受けられないのは「同性愛者の保護が、異性愛者と比してあまりにも欠ける」。

だから、同性婚が認められないのは、法の下の平等を定めた憲法14条に違反する。武部知子裁判長はこの判決を伝える際、声が震えていたと現場で傍聴していた共著者の松岡宗嗣さんから聞いた。裁判長の胸に押し寄せた思いは何だったのか。

異性愛者たちにとっては、結婚をする／しないは自分たちで決められる。しかし、同性愛者は選択肢すら与えられない。これは国が「お前たちは普通ではない。マイノリティだ。だから権利は与えられない」と言い続けているようなものだ。私はそのことに痛みを感じる。性的マイノリティ当事者としてではなく、性的マイノリティを差別している社会の当事者として。

２０１７年、オーストラリアで同性婚の成否を決める国民投票が実施された。現地の友人が、「Facebook にこう書き込んだ。

「あなたが同性婚に関して反対の投票をするのなら、私との友人関係を切ってほしい。同性婚に反対ということはつまり、あなたは私を平等な人間とはみなしていないということです。それが避けては通れない事実です」

彼はゲイであることをオープンにしている。普段は陽気で周りを楽しませている人が、どういう思いでこう書いたのか。書かざるを得なかったのか。

国をつくりあげているのは、私たち一人ひとりだ。2001年にオランダで世界で初めて同性婚が認められて20年。欧米、中南米、アフリカ、アジアでも次々と同性婚が認められる中で、今も同性婚を認めない日本で生きていることに、私は責任を感じている。そして、武部裁判長が声を震わせた気持ちが理解できる気がする。

同性婚の法制化は世界で加速している。Marriage For All Japan（マリフォー）によると、2015年以降だけでも、ルクセンブルグ、メキシコ、アイルランド、アメリカ、コロンビア、フィンランド、マルタ、ドイツ、オーストラリア、オーストリア、台湾、エクアドル、コスタリカと続いた。同性婚が可能な国は29カ国に上る（2021年1月時点）。

寺原真希子弁護士によると、一連の裁判が最高裁で最終的な決着を迎えるのは2023年頃になる。マリフォーの活動は裁判所にとどまらず、1日でも早く同性婚が認められるように、社会や国会にも働きかけている。世論調査などで賛成する人たちが増えていることは、札幌地裁判決でも言及され、判決に影響を与えている。寺原弁護士は「社会も裁判所も変わってきている」と話す。

その変化が最も遅い場所が、国会ではないだろうか。私が今回、この本の中で司法と政治の現状について取材をしたいと考えたのは、そういう問題意識からだ。

札幌地裁判決だけでなく、寺原弁護士も指摘するように2013年の婚外子法定相続分差別の違憲決定のあたりから、司法判断の変化が感じられるようになってきた。だが、政治が実際に動くのは裁判所がこういった決定を出してからだ。なぜ、政治の変化は司法の変化より遅れるのか。

明確な反対派がいるのは確かだ。自民党内でLGBT理解増進法案の取りまとめを担ってきた稲田朋美議員は、同性婚に反対する保守派議員は「伝統的な家族観を守る」という立場から反対しているのだと説明する。「要するにこれは家族か個人か、左翼対保守、右か左かのイデオロギー闘争の象徴なんだと。相手は家族を崩壊する運動をやってるんだという捉え方をしている人たちもいる」という。

同性婚どころか、自民党内では性的マイノリティを取りまく現状や課題への理解を深めようという内容の理解増進法案すら党としての賛同を得ることができなかった。党内の会議では「ＬＧＢＴは種の保存に背く」などのあからさまな差別発言まで出た。

こういった差別発言は自民党所属議員から繰り返し出てくる一方、変化の兆しも見える。国政選挙前に朝日新聞と東京大谷口研究室が共同で実施している「朝日・東大谷口研共同調査」。候補者に個別政策への賛否を聞いている中で、同性婚に「反対」「どちらかと言えば反対」と答える自民党の候補者が２０１６年60％↓２０１７年46％↓２０１９年36％と減っているのだ。一方で「賛成」「どちらかと言えば賛成」と答える候補者は６％↓９％↓９％で、ほとんど増えていない。

世論調査ではすでに同性婚に賛成する人が多数を占めるようになっている。例えば、札幌地裁判決後の朝日新聞調査では同性婚を法律で「認めるべき」が65％に上った。このような世論を前に、選挙前に明確に「反対」と掲げる議員が減っているのだろう。稲田議員によると、選挙だからというだけでなく、「５年前に性的指向・性自認に関する特命委員会を立ち上げたときは『なんでそんなことを議論するの？』という感じだったのに比べると党の雰囲気もかなり変わった」と話す。

自民党以外を見れば、同性婚に賛成する議員は非常に多い。立憲民主党、共産党のような野党のみならず、公明党でも賛成が目立つ。

それでも国会が動かないのはなぜか。２０１９年参院選で立憲民主党から立候補した打越さく良議員にも話を聞いた。選択的夫婦別姓に関して、弁護士として国会議員にロビーイングし、司法の場で弁護団として戦い、最高裁での敗訴を経て、戦いの場を国会に移した打越議員にはどう見えるのか。

ざっくばらんな口調で本質をずばりと指摘する打越議員はこう言う。

「選挙で街頭に出るとね、選択的夫婦別姓とか、同性婚とか、そういう話をしても反応がないんですよ。『私たちの暮らしには関係がない』って感じで」

選挙で優先されるのは、経済、社会保障など有権者一人ひとりの生活に直結した政策だ。新潟の選挙区を駆けずり回ってきた打越議員は「『目の前の田んぼを、暮らしをどうしてくれるの』という話ですよね。そういう現場を駆けずり回って、話を聞いてくれる人たちと握手して、やっと当選する。私、これだけ別姓のことやジェンダーのことをやってきたけれど、街頭でそのことで話しかけられたことがないんですよ」

尾辻議員も「地元の講演などで語るのは主に一般的な政治情勢」と話していた。LGBTQのみならず、個人の尊重や人権といった話題が政治の争点となっていないのが現実だ。厳しい選挙を勝ち抜く中で、常に後回しにされ、この問題に敏感な政治家が育ちにくい。

だからと言って、いつまでもほったらかしでいいはずがない。繰り返すようにこれは同じ日本社会に暮らす仲間への差別的な取り扱いを放置している我々一人ひとりの問題だ。

最後に憲法24条と、もう一度、14条に触れたい。同性婚に反対する人たちは憲法24条の「婚姻は両性の合意にのみ基づく」という条文を盾にする。両性のみ、つまり、男女のみに認められている、と。

24条のこの文言の背景には、明治時代につくられた旧民法がある。旧民法では、結婚は当事者ふたりではなく、それぞれの家と家の関係が重視され、家の主（戸主）の同意が必要と規定されていた。それが戦後に制定された日本国憲法では個人の自由を尊重するために「両性の合意のみに基づく」と明記された。つまり、24条は同性婚を否定するためのものではなく、個人の自由に基づいて結婚ができることを明らかにしたものだ。

尾辻議員が2021年衆議院予算委員会で衆議院法制局に質問をし、引き出した回答がある。引用する。

「日本国憲法は、同性婚を法制化することを禁止はしていない、すなわち、認めているとの許容説は十分に成り立ち得ると考えております。例えば、最近刊行された教科書の中で、東京大学の宍戸常寿先生は、憲法24条が近代的家族観を採用したとの理解を前提に、憲法上の婚姻を現行民法上の婚姻に限定する一方で、それ以外の結合は、家族の形成、維持に関する自己決定権、13条によって保障され得ると解するのが多数説であるとしつつ、他方で、憲法24条の規範内容は近代的家族観を超えるものであり、同性婚も憲法上認められるとの見解もあると述べられています」

いわゆる「許容説」が成り立つと認めた上で、さらに踏み込む。

「同性婚を認めるかどうかは立法政策に委ねられているとする考えや、さらには、憲法13条や14条等の他の憲法条項を根拠として、同性婚の法制度化は憲法上の要請であるとするような考えなどは、いずれも十分に成り立ち得るものと考えたところです」

憲法13条「すべて国民は、個人として尊重される」、憲法14条「すべて国民は、法の下に平等である」。これらを根拠に憲法は同性婚の法制化を要請しているという説も成り立ち得るという回答を聞いたとき、私は震えるほど嬉しかった。この13条と14条に、私たちが生きていく社会の理想の姿が体現されているように感じる。

アメリカで同性婚は憲法で認められていると結論づけた最高裁の判決に、印象的な一節がある。奇しくもアメリカの憲法も修正14条で法の下の平等を定めているが、その本質について、こう言及している。

不正の本質は、自分が生きている時代には不正に気づけるとは限らない、ということにあります。権利章典や修正第14条を批准した世代は、自分たちが自由の全容を知っているとは思いませんでした。だからこそ、彼らは将来の世代を信頼し、すべての人が自由を享受する権利を守る憲章を未来に託したのです

新たな洞察によって、憲法が保護している価値と、その時点における法律との間に乖離が生じていることが明らかになったのならば、自由を求める訴えは聞き届けられなければなりません

日本国憲法を批准した世代は、戸主の許可がなくても愛し合うふたりに結婚する自由があることは知っていたけれど、性的マイノリティの存在について十分な知識を持たなかった。だからこそ、未来を託されている我々が性的マイノリティの自由を求める訴えを聞き届け、社会を変えていく責任があるはずだ。

5章

新しい家族観の可能性

多様な〝かぞく〟を考える

選択的夫婦別姓・特別養子縁組・同性婚

２０２１年４月24日から５月５日まで12日間にわたってオンラインで開催された「東京レインボープライド２０２１」。その締めくくりとなった座談会のテーマは「多様な家族」だった。同性婚や特別養子縁組、選択的夫婦別姓など、ＬＧＢＴＱに限らず、すでに多様な家族が日本に生まれている一方で、法的・制度的な遅れが指摘されている。

それぞれの当事者たちが語り合った座談会の内容を収録する。ゲストはサイボウズ株式会社代表取締役社長の青野慶久さん、ＴＢＳ報道局の久保田智子さん、一般社団法人Marriage For All Japan（マリフォー）代表理事の寺原真希子さん。モデレーターは本書の共著者のひとり、杉山文野が務めた。

同性婚、選択的夫婦別姓、特別養子縁組

それぞれの「多様な家族」

杉山　今回のテーマは多様な家族です。個人のライフスタイルの多様化に伴い、家族の多様化も進んでいます。一方、制度や意識が追いつかず、様々な問題が起きています。本日はゲストをお招きして特別養子縁組、選択的夫婦別姓、同性婚などをもとに、家族について話していきたいと思います。

ゲストの皆さまをご紹介いたします。まず、最初にサイボウズ株式会社代表取締役社長青野慶久さんです。青野さんは選択的夫婦別姓に関する裁判も起こしています。自己紹介と共に現状を共有いただけますか。

青野　私は会社経営者をしてます。情報共有サービス「キントーン」などを提供している会社で、３人で始めて今は１０００人ちょっと。ずいぶん大企業になって

きました。日本は選択的夫婦別姓ができない。結婚したらどちらかが名字を変えるというルールになっていて、それはおかしいと3年前に訴訟を起こしています。東京地裁・高裁と終わって最高裁から呼び出しを待っている。そんな状況です。

杉山　ありがとうございます。続きまして、ＴＢＳ報道局久保田智子さんです。

久保田　私はもともとアナウンサーをしていて、一時辞めたんですね。ニューヨークに留学をしたんですが戻って、今はＴＢＳで報道局記者をしています。若い頃に子どもができにくいだろうと言われていて、結婚したんですが子どもに恵まれない状態が続きました。特別養子縁組という制度を使って現在は2歳3カ月の女の子を育てています。

特別養子縁組を簡単に言うと、様々な事情があって育てられない生みのお父さんお母さんから子どもを託され、自分の子どもとして法律上も戸籍に実子として入る制度です。だから、実の娘として託された娘と家族として暮らしています。

杉山　最後に一般社団法人Marriage For All Japan代表理事寺原真希子さんです。

寺原　弁護士の寺原です。私は２０１９年に全国5カ所で提起された、同性婚を認めていない現在の法律が憲法に違反することを真正面から問う日本で初めての訴訟の東京弁護団の共同代表をしています。同時に、訴訟外で同性婚に関する様々なキャンペーンを行う団体Marriage For All Japanの代表理事も兼務しています。

杉山　今日は三つのテーマを話したいと思っています。最初は、なぜ皆さん声を上げられたのか、です。東京レインボープライド（ＴＲＰ）の今年のテーマは「声をあげる。世界を変える。Our Voices, Our Rights.」です。既存のルールに生きづらさを感じるなら、声を上げることでより良い社会をみんなでつくっていくことは大事だよね、ということでこのテーマを掲げました。まず青野さん、なぜ裁判を起こそうと思ったか。お話しいただけますか。

夫婦同姓「いろんなところで困ってる」

青野　私、本名は青野じゃないんですよ。結婚したのが２００１年で、妻が婚姻届を書くときに「名字を変えたくない」と。僕はびっくりして、ふつうは女性が変えるもんちゃうのと思ったんですけど、考えてみたら必ずしも女性が変えないといけないもんじゃないよなって。「わかりました。僕が変えます」となりました。会社は青野名義で上場しましたが、旧姓で働き続ける人もたくさんいるので、特に問題はないだろうと思って、戸籍上の名字を変えました。なので青野は旧姓です。

大変なのは改姓の手続きもですけど、使い分けです。例えば株主総会では旧姓は使えないと言われ、年に1回だけ戸籍姓でみんなの前に立つとかよくわからんことがある。契約書にサインするとき、どっちでサインを書いたらいいのかわからないから毎回法務に確認する。面倒臭いことばかりやってるわけです。

おかしいと思っていたところ、夫婦別姓をめぐる裁判が起きてるという話があって、それが２０１５年に最高裁までいって、ようやくこれで法律が変わるのかなと思っていたら、これが棄却されたわけです。頭にきまして、いろいろ調べてみたら、伝統的家族観とか、いろんな理由で反対してる人がいて。いやいや、ちゃうねんと。単純に改姓するのも使い分けるのも大変だし、日本中の人たちがいろんなとこで困っとんねん。何とかしろよって思っていたところ、岡山県の弁護士さんが訴訟を考えていると知りました。訴訟にあたって名前を変えて不利益をこうむった男性が原告として必要だっていう話を聞きまして。それ、僕ですね。当時は原告が何かわかっていないけどやりますって言って裁判を起こしたのが声を上げたきっかけです。

杉山 選択的夫婦別姓に関する議論って、いつ頃から起こったものなんですか。

青野 議論は私が結婚する頃からあったんです。私も2005年とか2009年とかメディアに呼ばれておかしいですよねって話はしてたんですけど、まあ進まなかった。

杉山 青野さんみたいに男性で声を上げる方はまだ非常に少ないんですか。

青野　そうなんです。僕が声を上げるまでは女性が女性の権利を獲得するための運動みたいに捉えられていました。日本は男尊女卑なので、ずっと無視されてきたところがある。僕が取り上げられたことで、男性でも困る人いるんだとなった。（夫婦同姓は）96％は女性が変えるっていう現実がありますからね。

世論は賛成なのに国が認めない同性婚

杉山　今度は寺原さんに。先日、札幌地裁で同性婚をめぐって現状への違憲判決が日本で初めて出たことも話題になりました。

寺原　２０１９年に札幌、東京、名古屋、大阪、福岡で訴訟が始まって、札幌が一番進行が早くて今年２０２１年3月17日に札幌地裁で同性婚に関する日本で初めての判決が出たわけです。今の状況は憲法違反だと判断してくれた。札幌判決は画期的なんですけども、１００％訴えが認められたわけではないので、札幌の原告・弁護団は控訴しました。他の４カ所の裁判についても、これから続々と判決が出てくる状況にあります。

杉山　寺原さん自身はなぜMarriage For All Japanという団体の代表、同性婚訴訟の弁護団の代表として関わることになったんでしょうか。

寺原　私は今のところシスジェンダーの異性愛者という認識です。同性婚によって自分が直接利益を得ることはないかもしれないですが、同性婚がないことは性的マイノリティに対する象徴的な差別だと思うんです。具体的な権利利益がないこともそうですけど、同性婚がないこと自体が、同性カップルあるいは性的マイノリティを異性カップルと同じように対応しなくていい、一段劣った存在かのような負のメッセージを国が発し続けている状態だということが問題と思ってきました。マイノリティに何か問題があるということではなく、私を含む異性愛者のような性的マジョリティがこの問題に無関心で差別が放置されてきた。マイノリティもそうですけどマジョリティにはこの状態を変えられる力があるし、責任もあると感じていまして、それが私の原動力の一つです。

杉山　同性婚に賛成の方たちってかなり増えてますね。

寺原　いろいろな調査があるんですけど、去年12月の電通アンケート調査ですと82%が賛成です。同性婚ではないですけどパートナーシップ制度も100以上の自治体が導入し、社会の意識は高まってます。けれど国会が動いてくれていない状況です。

杉山　同性婚訴訟と選択的夫婦別姓、似てるとこもあるんじゃないかと思います。

青野　本当に似てますよね。いろんな家族があるのに法律が手当てしてくれてないからそれで困ってる人がいる。そこを手当てしてくれればいいだけの話なんです。どっちかが進めばね、どっちも進みそうな気がしてて、楽しみにしています。

杉山　選択的夫婦別姓に関しても賛成意見は高まっていると伺ってます。

青野　世論調査では6割から8割ぐらいは賛成と出てきます。反対する人の2倍ぐらいは賛成というデータが多いです。

杉山　同性婚に関しても選択的夫婦別姓に関しても反対される方は年代差が大きいんですよね。

寺原　夫婦別姓も同性婚も統計で20～30代、あるいは50代ぐらいまでは明らかに賛成が大きい割合で上回ってる。けれども70代ぐらいになると、それが反転していたりということで、その方々に問題があるというより、日本社会がそう進んできたので、その中で生きていらっしゃった方々からすると、考え方を変えるのが難しいという側面はあるかと思います。

特別養子縁組を知ってもらいたい

杉山　久保田さんは訴訟というかたちではないですが、ご自身が特別養子縁組をされたことを公表されました。

久保田　昨年12月です。娘がまもなく2歳というような段階のときですね、Twitterとあとは雑誌でインタビューを受けました。

杉山　きっかけがあって声を上げたんですか。

久保田　「子どもを育ててるんですよ」って、最初は誰にでも言ってたんです。そしたらびっくりされるとか、えらいね、良いことしてるね、と言われる方が結構いらっしゃって。悪気は全くないと思うんですけれども。私、本当に幸せですって言えば言うほど「そうだよね、そうだよね」っていう感じで。オープンにしたのは子どもが2歳になるまで待ったんです。自分の中でもこれってどういうことなんだろう、産んで育てていない自分は足りないものがあるのかもしれないっていう葛藤が多少あったんです。最初はすごい幸せと思っていたのが、あれ私って何か欠けてることがあるのかもと思い、でも子育てをしてきて、だんだん自信を持って、公表できるようになりました。

杉山　僕もNewsweekの記事を読ませていただいたり、お話を伺ったりしたんですけれど、公表していいかお子さんに意見を聞けないことに迷いがあったっていう話が、僕自身も共感できるところでした。

今更ですが自己紹介忘れてましたね。杉山文野です。ＮＰＯ法人東京レインボープライドの共同代表理事をやっています。僕自身はトランスジェンダー男性で戸籍上は女性です。ゲイの友人から精子提供を受けて、10年以上共にする僕のパートナーの女性が体外受精で妊娠出産。0歳、2歳の子どもがいるんですけど、婚姻の平等がないということで僕はそのパートナーとも子どもとも法的関係性も血の繋がりもない。でも、家族として生活している。すごく幸せな日常も嘘ではありませんが、法的関係性がないことから常に不安もあります。また、この現状を公表していいのか。しないのもおかしいし、葛藤がありました。結果的に僕は公表した方がより暮らしやすい社会になるんじゃないか、子どものためにも、社会のためにもいいんじゃないかという結論で公表しました。久保田さんも同じような葛藤があったんですね。

久保田　「子どもがかわいそうだと言われますよ」っていろいろな方から言われたんです。最初は私も「本人に確認もできないし、そうかもしれないいな」と思いました。

確かに発表してから懸念するコメントをいただいたこともあったんです。でも、そもそも子どもがかわいそうって思うこと自体が正しいんだろうかって思ったんです。自分が負い目を感じて子育てをすれば、子どもに影響すると思うんです。私はポジティブであるべきだと思うし、そもそもポジティブなことなんだって思うようになって。家の中でのこのポジティブさが社会に出てポジティブでないと判断されるんであれば、社会の側が変わることを望む。できることをやる方がいいんじゃないかって思ったんですよね。

杉山 ＬＧＢＴＱのご家族でお子さんを持ったときにね、ママがふたりだったり、パパがふたりだったりすると、子どもがいじめられたらどうするんだって議論、必ず起こるんです。それっていじめられる子どもが悪いんじゃなくて、いじめるような社会を変えたほうがいいんじゃないってところに辿り着くということですごく似た議論かなと思います。

久保田 言ってくださってる方たちも、今の社会の現実を見て、優しく、そういうコメントだったり、アドバイスしてくれるんだと思うんです。けれど、それを一緒に変えていきましょうよって声を掛け合いたいなって思います。

寺原　別姓で互いの名字を維持していきたいってことで事実婚で暮らして、その状態でお子さんを育てる方がたくさんいます。そのお子さん方は成人した方もたくさんいて、別姓の親に育てられたことに全然問題はなかったと言っています。それをちょっと前に自民党の勉強会でお子さんたちが議員さんに話しに行ったこともあります。家の中ではすごく幸せに暮らしてきたんだけども外からかわいそうと言われて、意味がわかりませんと。

杉山　寺原さん、特別養子縁組、養子縁組、里親制度の違いはどうなっているんでしょう。

寺原　特別養子縁組と普通養子縁組の一番大きな違いは、特別養子縁組をすると元々の実親との親子関係がなくなって、養親、つまり、縁組をした新しい親との関係だけが戸籍上に反映されます。普通養子縁組だと、養子縁組をした後も、実の親と養親の両方と、親子関係が続く。どちらも戸籍上にのる関係ですね。里親はその二つとは違っていて、戸籍上に親子の関係がのるとか法律上親子になるということはなくて、育ての親です。一時期、基本的には最大18歳まで家庭環境を提供して親子のように暮らす、けれど、法的な関係性、戸籍上の関係はないという違いがあります。

杉山　同性同士だとダメみたいなことではなく、自治体によって決められてるんですよね。

寺原　里親はそうです。里親は異性カップルでないとダメだという法律にはなっていないので、自治体が同性カップルでもOKだと決めればOK。実際、同性カップルで里親制度を使ってお子さんを育てている方もいらっしゃいます。一方、特別養子縁組は結婚をしていないと利用できないので、同性婚がない状態では同性カップルは特別養子縁組を利用することができない。ここはだいぶ違います。

多様な家族が具体的に困っていること知られていないその実情

夫婦同姓の精神的な負担と経済的な負担

杉山　次のテーマは、具体的に困ってることです。反対派の方々に言われることも含めて、青野さんから説明していただけますか。

青野　選択的夫婦別姓の話で困るのは、大きく分けるとまず精神的な負担。名字が気に入ってて、名前とセットで決めますから画数も良くて、子どもの頃からあだ名なんかもついて親しみを持ってたのに、ある日結婚を機に変えろと言われるんです。もう一つ、経済的負担と主張してるんですけど、改姓手続きどれぐらい大変だと思ってんねん、と。現代人、何枚キャッシュカード、クレジットカード持ってると思ってんねんとね。ＩＤも含めて何個変えさせせんねん、窓口の人も大変なことになる、とか。あと、使い分けです。仕事上、(旧姓を)使い続ける人もいるわけですけど、そうすると今度は名字が二個あって、どこでどう使うのか本人確認で大変になる。海外出張に行くとトラブルに巻き込まれることがあって。こういう経済的負担と精神的な負担、シンプルに言うと二つあります。

反対意見はいろいろあります。さっき言われたような、子どもかわいそう話もあります。どっちかの親と名字が違うことになるのでかわいそうっていうのがありますけど、八村塁さんとか大坂なおみさんとか、国際結婚家庭だとどちらかの親と名字が違うの当たり前です。あと、よく言われるのが伝統的な家族観が壊れて離婚が増えるとか。本当かどうか怪しく、しかも離婚するって別に悪いことじゃない。少なくとも、選択的夫婦別姓ができないから、結婚をためらうカップルがいっぱいいるのが確認されてるわけで、事実婚の一番の理由は名字を変えないといけないことです。制度ができたら婚姻率が上がるって僕は主張しています。

杉山　青野さんもお子さんを育てているけれど、名字で困ることってありますか。

青野　家の中で名字使うことないじゃないですか。下の名前かもしくはパパママだから別に家で疎外感感じるはずもないし。しかも、今は旧姓で働く人が当たり前。自分の親が自分と違う名字使ってるって子どもは認識してます。子どもも、私のこと青野慶久だと思ってます。それが何ってことで。母親の名前を引き継いだことだけ理解しておけば、問題が起きないことはもう確認されてると思います。

杉山　皆さんが「青野さん」で認識されていて、海外出張に行ったときにホテルが「青野」の名前で予約が入っていて泊まれなかったと言う話を伺ったことがあります。

青野　そう。本当怖くて。海外だとパスポートとクレジットカードがＩＤ代わりじゃないですか。それと違う名前を使ったら怪しいってなるわけですよ。テロ後のアメリカに行ったときにホテルで怪しまれて、なかなか泊めてくれないみたいなことがありました。名前を二つ持とうと思っていない。一個でいいのに、その一個を無理やり変えさせられることが日本人にとってとても負担になってます。

同性婚裁判での「法の下の平等に反する」という違憲判決

杉山 逆に、同性婚に関しては名字一緒にしたくてもできないカップルがいるんですけど、これはどうなんですかね。

寺原 法律婚をするという選択肢すら与えられていないので、長年一緒に暮らして愛し合っていても結婚ができない。結婚、法律婚ってものすごく守られてるんです。権利の数にしたら千個くらいになるのではと思うんですけど、いろんな権利・利益・保護があって、その全てが得られていない。例えば、片方が亡くなった場合の法定の相続権だったり、お子さんがいるときの共同親権だったり、あるいは片方が事故とか病気で意識がないときの手術の同意権だったり。あらゆることが配偶者として認められていないという日々の具体的な困り事が一点。もう一点、同性婚がないこと自体が性的マイノリティに対する差別・偏見を助長してると思うんです。理解が追いついてないという話が聞こえてくるんですけど、それはなぜかと考えると、同性婚がないってことは、同性カップルは異性カップルとは違う特別な人たち、変わった人たちで、保護しなくてもいいと国が言ってるんだから、じゃあ我々だってそう扱っていいでしょと無意識に一人ひとりの中に差別・偏見の意識が入ってきてしまっている。法制度が整備されていないことの弊害はすごく大きいと思います。

杉山　憲法14条で、国民は法の下に平等と言ってるのに、結婚できる人とできない人がいるっておかしいと、それが札幌地裁判決で出たということなんですよね。

寺原　そうです。札幌地裁判決では、結婚の目的が何か、本質は何かということに遡っています。子どもを自然の生殖でふたりの間で産んで育てることが結婚の目的だと国は主張したんですね、あの裁判の中で。だけど、異性カップルでも子どもがいない、持たない人もいるし、生殖医療で持つ方もいる。国の主張は実態に反してるんですけど、同性カップルは自然生殖ができないから結婚には向かないと主張していたんです。が、札幌の裁判所はそこを一蹴して、いや違う、そういうことが大切だと思う人もいるかもしれないけど、ふたりの間の関係性自体を保護することが婚姻の本当の重要な目的の一つなんだから、それは同性カップルでももちろんできる。これは差別ですねと判断したところが大きいと思います。

杉山 反対派のご意見で必ず出てくるキーワードが伝統的家族観。そこはどうですか。

寺原 それ本当に言われるんですけど、そもそも伝統的な家族って何なんだろうなって思うんです。おそらくおっしゃってる方が想定するのは、お父さんお母さん、その間に自然生殖で生まれた子どもっていうパターンだと思います。同性婚ができる前の今の状況でも、離婚してシングルマザーだったりステップファミリーだったり、いろんなかたちですでに多様な家族がいて、家族っていうかたちを一つに決めること自体が実態に合っていない。そもそも国がそういうことを決める立場にはない。逆に、家族になりたい、家族として互いに責任を持って絆を感じたいという人たちを法律で守るのが国の立場です。夫婦別姓になりたい人も同性カップルの人も、家族になりたいだけなんです。家族を崩壊させるのではなく、家族を大事にしたい方々に法的保護を与えてほしいという話なんです。伝統的な家族観が崩壊するっていうのは論理的に成り立たないと思ってます。

特別養子縁組への誤解や偏見

杉山　久保田さんは特別養子縁組に関して、法的制度的にはすごく守られているとおっしゃいましたが、イメージが追いつかないみたいなことで困ることはありますか。

久保田　特別養子縁組という制度自体に誤解や偏見があるとしたらそれは解決しなきゃいけないと思うんです。百歩譲って伝統的家族観に沿うように私たちもした方がいいとしても、それができない子どもたちがたくさんいるんです。日本には様々な事情で親と暮らせない子どもたちがおよそ4万5000人いると言われていて、その8割は施設で育ってるんです。その現状をどうしていくんですかと私は問いたい。国連のガイドラインを見ると、そういう子どもたちは里親制度や養子縁組で家庭で育つべきだと言われてるんです。なのにできていない。

特別養子縁組もそういう施設で育つ子どもたちを、施設ではなく家庭にという一つのやり方なんです。それをポジティブに捉えられないで広まらないと、じゃあこの子どもたちどうするんですか。特別養子縁組を使う選択をする生みの親たちもいるわけです。その人たちは制度が良いものだと思わないと積極的に利用しないと思うんです。

いろんな事情があって、その声ってなかなか可視化されなくって。本当に困った状態でいて、子どもの幸せを思って特別養子縁組に出して、自分のことよりも子どもが幸せになってくれればっていう方がたくさんいるんです。そういう人たちに対して産んだのに育てないのかというような批判はすべきじゃないと思うんです。でも、今のままだとそうなりかねない。お母さんにとっても子どもにとっても、特別養子縁組という選択肢を選べる環境にすべきだと思うし、子どもたちができるだけ多く施設から家庭に行けるようにするにはどうしていけばいいのか考えないといけないと思うんです。

「伝統的な家族観」と多様な家族

杉山　夫婦別姓、同性婚、養子縁組みたいな話になると伝統的な家族観の否定みたいな感じで、それと対立するものかのように見られると思うんです。でも、逆に伝統的家族観とは何かというと、家族を大事にするとか絆とかということで言えば、全く同じとも言えると思うんです。

青野　何をもって伝統というかで違うじゃないですか。選択的夫婦別姓でいくと、戦後日本は結婚したら名字一緒にするルールですけど、もうちょっと遡ると、そもそもふつうの人は名字ないぞみたいな。もっと遡ると、源頼朝と北条政子は別姓婚じゃないかとか。伝統って一時代のあるモデルを切り取っただけのことだったら、どんどん変わっていく。いろんな伝統があっていいし、相撲には相撲の伝統があるけど、全員が相撲しろって話じゃなくて、野球の伝統があって、そこにサッカーが加わったっていいし。そういう風に人間はやってきてる前提に立った方がいい気がしました。

久保田　私、歌舞伎が好きで、中村勘三郎さんが大好きだったんですけど、勘三郎さんもよく言ってて、伝統派だから型は守りつつ、でも新しくしていくって。型を守らないと、伝統を守らないと型なしになってしまう。けれど、型がありながらも時代に合わせて変えていくと、型破りになって斬新なポジティブなことだよっておっしゃってたのを思い出しました。

寺原 札幌地裁判決でも伝統的家族観について裁判所が言及していて、もし同性カップルに法的な保護を認めたら、伝統的な家族観に多少変容があるかもしれないけど、そのこと自体は同性カップルに法的な保護を与えない理由にはなりませんよ、と明確に言っています。

多様性は個人や社会をどう変えていくのか

「やっとそういう立場の人たちの気持ちに思いを馳せることができた」

杉山 最後のテーマで個人や社会の変化について話したいと思います。久保田さんにお聞きしたいんですが、久保田さん自身が特別養子縁組のお子さんを育て始められたことによってすごく価値観が変わったと。多様な家族に触れたことで、家族だけじゃなくていろんな価値観が多様化したとお話されてたと思うんですけど。そういったご自身の変化をお聞きしたいです。

久保田 かつての自分は、何かが違う人たちに気を配ることはできなかったかもしれないって思うんです。ところが自分は子どもができない不妊症であるとわかったことで、当たり前が当たり前じゃないと気づいたわけです。でも、周りの人たちはみんな当たり前に生きてる。ワイドショーとかで司会をしていると、〇〇さんがおめでたになりましたよかったですねって。そこに何の疑問も持たないで私もそう伝えてました。

自分が当たり前でないとわかった途端にですね、自分はふつうになれないダメな人間なんだ。どうやったらふつうになれるだろうなって悩んでたんですよね。でも、あるときから自分らしさっていうのは、否定しても否定のしようがないので、それを受け入れてできることって何かなと思ったら、そこには選択肢ってあったんです。当たり前にふつうに生きている人にとっては、その当たり前から逸れてしまう人の気持ちってなかなか想像できないですけれど、これはみんなに起き得ることだと思うんです。私の場合は子どもができないということは、当たり前には全く届かないんだと思ったことで、やっとそういう立場の人たちの気持ちに思いを馳せることができたって思います。

杉山 当事者と非当事者とか、マイノリティとマジョリティとか、もしかして被害者と加害者も表裏一体ってことですよね。

久保田 「今、私は当たり前でふつうに何の疑問もありません」っていう方でも、いつどこでこの社会、ふつうとは違うのかもって思う瞬間があるかもしれないなと思うんですね。

杉山 ご自身がお子さんができないということがわかって、今まで思い描いていた「女性とはこうあるべき」みたいな像から外れたときに、そういう像が久保田さん自身をがんじがらめにしてたみたいなことや、そこから視野が広がったっていう感じはあるんですか。

久保田　一歩出てみると、世界は広いなって思いました。いろんな価値観があるし、それは海外に行ったってのも大きかったんですね。外に出ると価値観もガラッと変わって、夫婦別姓どうぞという感じで、養子縁組うわーおめでとうっていう感じ。だから、外から見てみるといろんな選択肢があっていいんだよなって、そのことによって救われる人はたくさんいて、それは当たり前に生きている人は当たり前にしてていいんです。けどそうじゃない人の幸せになる権利もあるし、ほんのちょっとしたことで１８０度変わるんです人生が。考え方だったり、制度のありようだったり。

杉山　久保田さん個人の思いが変わったように、制度が進むことによって社会全体の価値感が、より視野が広がることに繋がってくるんですかね。

久保田　そう思います。それが悪いということは私にとって思いつかないんですけれど。

声を上げることで変化が生まれる

杉山　この憲法記念日にも最高裁判所長官が選択的夫婦別姓と同性婚に触れながら、新しい課題にも裁判官は広い視野を持って接するべきみたいな発言がありました。

寺原　弁護団でもすごく話題になってます。なかなかないことです。長官は最高裁に15人いる裁判官の長なわけです。その方が最高裁に事件がたくさん行ってる中でわざわざその二つの訴訟に触れて、家族の多様なかたちが社会に浸透してきて、それが訴訟になってるんだから、そういうことも踏まえてちゃんと判断しなきゃねっていうことをおっしゃったってことは、すごく社会の変化を象徴している場面だと思いました。

杉山　何によってこの変化が起きてるんだと思いますか。

寺原　ＴＲＰの今回のテーマと重なるんですけど、声を上げることだと思うんです。別姓も同性婚も特別養子縁組も何十年も前から声を上げる方がいらっしゃった。多くの方が様々な場所で活動をして、ずっと積み重ねをしてきて、同性婚で言えばその積み重ねの結果が札幌地裁の判決だと思っているんです。今、弁護団してるんですという応援してくれる方がたくさんいらっしゃって、がんばってくださいって言っていただくんですが、そのときに申し上げるのは、一緒にがんばりましょうということ。性的マイノリティでも、マジョリティでも、みんなが当事者で、静かに応援してるだけだと残念ながら世の中は変わらない。ちっちゃくてもいいからアクションを一緒に起こしていただきたいなっていう気持ちをお話をするようにしています。

久保田　具体的にどういうアクションがいいんですかね。何かやろうと思ったときに。

寺原　国会が法律を変える場所、いろんな制度を変える場所なんですけども、国会議員が実感を持ってないと思うんです。特別養子縁組でこんなに困ってるとか、同性婚や別姓選択がないことによる苦悩について。実感を持っていただくには、各自が住んでいるその地域から選出された国会議員さんに、ぜひお手紙を書いてくださいとお願いしていています。1行でもいいし、当事者でなくても構いません。

国会議員の中には、悪意があるから進めていないわけじゃなくて、自分の地域とは関係ない話だと誤解している方もいらっしゃる。地元の有権者から生の声を聞いたら、人として無視ができないし、実感が湧いてくるので、ぜひ皆さんやってくださいとお願いをしています。

杉山

僕自身もＬＧＢＴＱの啓発活動に関わるようになって近頃感じてる変化は、つい最近では「ＬＧＢＴＱどう思いますか」って聞くと、いいんじゃないですかって言ってくれる方がだいぶ増えてきた。ただ、「もしあなたのお子さんがそうだったらどうですか」って聞くと、「ちょっと自分の子だったら……」っていう方が多かった。今はそれも変わってきて「いいですよ、うちの子どもがそうだって。みんな自分らしくあるのがいいですよね、多様性ですよね」っておっしゃる方もだいぶ増えてきた。

一方でもしそうだったとして、「お父さんお母さん、なんでみんなが結婚できるのに私だけできないの」って言われたら、どうしますか。「あなたはマイノリティで生まれたんだから幸せになれなくてもしょうがない。我慢しなさい」というのか「どんな子だって幸せになれる機会があるんだよ」って言える大人であるのかということが求められてるんじゃないかと感じているところです。どんなことでも声を上げることが全て繋がっていくんだっていうのは、僕もぐっときたお話なんですけれども、青野さんも「変わることを確信している」と何かのインタビューで話していたと思うんですけれども、もう一歩前に進めるためにはどういったことが必要だと思いますか。

青野　裁判ってすごく良い手段だなと思ってます。選択的夫婦別姓の話でいくと、2015年に棄却された後、四つの裁判が起きたんです。これが裁判所にはプレッシャーになったんじゃないですかね。自治体の活動も大事で、自治体から国会に陳情を上げる仕組みがあるんですよね。自分の地域の区議会議員とか市議会議員とかを説得できれば、国会に向けて陳情が出せる。この仕組みも選択的夫婦別姓でがんばっていて、50も60もの自治体から陳情があります。あとやってほしいのはソーシャルです。やっぱりインターネットの時代なんで、心の込もった困り事の発信をすれば、いろんな人が読んで心を動かされてたくさん拡散してくれます。だからぜひインターネットで発言することにチャレンジしてほしいと思います。

選挙で意思を示していく

杉山　この三つのテーマで互いに協力できることとか、発信し合うこととか、何か一緒にできることとってありますか。

青野　普段からネットで繋がって、拡散し合ってると思います。こういうイベントでご一緒する機会も増えましたしね。

久保田　私の関連で言いますと、里親制度は自治体によっては委託をされているんです。カップルで子育てをしたい、でもする手段がないと思ってる方でも積極的に里親制度をまずは登録されるのは、今の法制度からいうと可能な一つなんで、その件数がもっと増えて、自治体によってはそれで考え方が変わる流れにならないものかなと思いました。

寺原　自治体のパートナーシップ制度も法的効力はないですけれども存在はする。今ある制度を可能な範囲で利用し、声を上げていくことで、困ってる人がいてニーズがあることが可視化されていきます。別姓だったり、養子縁組だったり同性婚で分野は違うけども、自分らしく生きたい、子どもたちにも自分らしく生きていってほしい、それを包括する社会であってほしいっていう思いは共通しているはずなので、その中の一つがブレイクすれば、他のことについても社会の認識は高まっていくと思います。

久保田　施設にいる子どもたちの行き先の候補が増えていくのは、すごく良いことだと思います。繋がっていけるといいなって。

青野　今年は衆議院選挙がある。反対してる議員を落としましょうよ。ここはメディアの人も巻き込んでいきたいです。賛成なのか反対なのかはっきりしてくれと、そうしないと票を入れないぞと。立法されてない理由は、国会議員がさぼってるわけですから、そういう国会議員を外しちゃえばいいわけです。やってる議員を国民の力で当選させればいいわけなんで、一つの活動としてはやるべきじゃないかなと思います。

寺原 夫婦別姓と同性婚については、誰が賛成、反対、どちらとも言えないと答えてるかとリスト化してる方がいて、検索すると出てくるので、そこでわかります。ただ、この人反対なんだろうなって方も「どちらとも言えない」となっていたりするので、賛成って人を推しとけば間違いないのかなと。

杉山 「どちらとも言えない」が増えてるってことは、反対とも言いづらくなってきてる。議員の方たちも感じているということですよね。前は反対してる方が票が集まると思われたのが、反対というと票が減るかもしれないと変わってきたのかなと思います。選挙に行って、自分たちの意思が反映される政治家に投票することをしっかりやるってことですね。

久保田 政治は変えられないからしょうがないとほっとくと、実は私たちの生活に密着していますね。青野さんがんばってるから応援しようとか、そこのは買って、この人たち嫌だから買わないとか。そういう選択、消費者としてビジネスの世界ではできると思うんですけど、政治はあの人変わらないからとほっとくと勝手に決められちゃう。ぜひとも参加しなきゃいけないとはすごく思いましたね。

個人が尊重され、より幸せな社会を実現する

杉山　価値観はどんどん多様化していると思うんです。日本社会で多様な価値観が共通認識になったとき、どんな社会になると思われますか。

寺原　私は、同性婚を認めるかどうかは日本社会が個々人の生き方を尊重する社会に移行していけるかどうかの試金石だと話しています。その人たちだけの問題ではなくて、一緒に生きている日本全体の問題、マジョリティの責任という観点でもそうですし、誰もがマイノリティになり得るという意味でもそうですし、いろんな意味で全員が当事者なのでマイノリティが生きやすい社会は全員で生きやすい社会だと、いろんなところで言われてることですけども、本当にそうだ

と日々実感をしています。
そういう社会に変わっていくことは間違いないですし、個人的にも変わったなと思うところと共通するんですけど、もし同性婚だったり、別姓だったり、特別養子縁組でこうあるべきっていう法制度に変わったなら、「行動すれば、日本の社会を自分たちの力で良い方向に変えていけるんだ」っていう、実績、自信になると思うんです。私は以前はあまり政治的なことに興味なかったんですけど、同性婚だったり別姓に関与するようになって、他の政治的な話題にも関心を持つようになりました。日本人は政治的なことだとタブー感があって引いてしまうカルチャーがあると思うんですけど、成功体験を持つことによって、他のことについても能動的に政治に関与していく方向に変わっていくんじゃないかと期待してます。

久保田 子どもがより幸せになれるんじゃないかっていう感覚があるんです。今の法律をいろいろ見ていくと、これまでの大人たちの考えが中心になっていてマイノリティとされる、例えば女性もマイノリティかもしれないし、子どもの目線がなかなかなくて、同性婚とか、選択的夫婦別姓とか、いろんな人たちの考えが反映できることは子どもたちのことも反映できることになるし、特別養子縁組でいうと、もっと施設から家庭で過ごす子どもたちも増えるだろうし、子どもにとって幸せな方に選択肢が多い社会になれるんじゃないかな。

杉山 子どもたちがむしろ幸せになるんじゃないか、と。青野さんいかがですか。

青野 ネガティブなことをあえて言いますと、制度ができても風土は変わらないということを、僕たちは理解しておいたほうがいいと思います。制度はできました。それで多様な個性を尊重しながら生きる風土ができるか、それはまた別の話です。海外で多様な家族観が認められていても未だに人種差別が残っていたり、宗教上の対立をしていたりするわけです。多様性を認めるって口で言うのは簡単、日本だってそうです。男女平等の憲法ができてからもう75年経った。未だに男女平等ができてない。風土をつくるのはまた別の話だから。制度は大事。ないと選択することすらできませんから。でもそれがゴールじゃなくて、そこから先もっと僕たちは、多様な個性を尊重していく風土をつくらないと、この努力はずっと続くっていう認識はしておいた方がいいと思う。

杉山　風土はどうやって変えたらいいんですかね。

青野　風土を変えるのは一朝一夕にはいかない。長い時間の対話と、対立と葛藤を乗り越えながら築いていくもんだと思います。そこから逃げないことですよね。いろんな人がいる。意見が合わない人がいる。でもね、殴り合うんじゃなくて対話していこうよと。対話を大事にするのが多様な個性を尊重する社会のキーワードかと思います。

世界と日本、当事者でない人はどう関われば良いか、伝統的な家族観と多様性

多様な家族、日本の現状と世界の現状

質問——制度に関して日本の現状と世界の現状を比較して説明してください。

寺原 今、世界で30の国と地域が同性婚を認めています。最初が２００１年のオランダで、その後も続々と認められてきて、最近まではそれは欧米の文化で日本とは合ってないっていうことを言う人もいたんですが、２０１９年の5月に台湾でも同性婚の法律ができました。

杉山 養子縁組でも海外の何か制度との比較とか違いみたいなのってあるんですね。

久保田 思い浮かぶのは国際養子縁組ですね。日本は出さない。日本国内で養子縁組なんですけど、アメリカとかはいろんな世界から養子縁組を受け入れるんです。養子になりたいという人が多いんです。一つの選択肢として確立されているからだと思います。

質問―同性婚訴訟、札幌以外はどこまで進んでいますか。

寺原 他の四つの裁判所は全部地方裁判所です。判決がいつと決まってる状況ではなくて、国から出た書面に反論をしている状況です。東京については今年3月まで、本人尋問、テレビで見る「異議あり」みたいな法廷で尋問されるあれが、札幌ではもちろん行われたんですけど、東京では必要ないと裁判長がおっしゃっていたんですが、この4月に裁判長が交代しまして、一転、尋問はしますとおっしゃっていただき、秋あたりに尋問予定です。その後、多分2〜3カ月で最終準備書面を書いて、その2〜3カ月後ぐらいに判決かなと思います。今年度中に東京地裁で判決が出るかどうか。大阪・名古屋も似た感じと想像されて、福岡は提訴が他より遅かったので、それより遅いかなと。

杉山 判決が出てもそれで法制化というわけではないんですよね。同性婚実現、最短でいつですかという、具体的な質問も来ています。

寺原 我々が2019年に提訴をし、Marriage For All Japanを設立したときに見据えていたのは2023年です。憲法訴訟については最高裁で最終判断が出るまでに大体4〜5年かかるので。それが一つの目安ですけども、日々困っている、日々個人の尊厳が侵害されているので、2023年までも待てないのが皆さんの気持ちだと思うんです。なので訴訟は訴訟でがんばるけど、マリフォーあるいは皆さんと一緒に国会議員の方々への説得を加速させて最高裁を待たずして実現するようにと日々がんばっているというところです。

当事者ではない支援者の役割とは

質問――当事者ではないのに応援することに引け目みたいなのを感じることがあります。寺原さんは当事者ではないけれど、弁護団長として立たれていることに負い目、引け目みたいなことを感じたことはありませんか。

寺原　自分は性的マジョリティなので性的マイノリティの本当の意味での苦悩を理解することは一生できないと思うんです。本当にわかったとは到底言えない。社会を変えていくときに、マイノリティの方々が自分の苦悩を口に出すことはもちろん重要ですが、でも、数的には性的マジョリティの方が多いので、多数決で決まる国会を動かすためには、マジョリティが動かないと変わらない。だから、マジョリティにその力と責任があるって申し上げたのはそういうことなんです。弁護団にもマリフォーにも性的マイノリティもマジョリティも両方います。マイノリティの方だと差別偏見があってカミングアウトがなかなかできない方もいる中で、マジョリティであればそこは気にせず、いろんなところで話をすることができる。マジョリティ側の気持ちで話をすることで、マジョリティ側が自分の問題でもあると思ってもらいやすいかなという観点もあるので、引け目は全くないです。

青野　マジョリティが声を上げることが、どれぐらいマイノリティにとって心強いか。障がい者の話もそうですし、別姓もそう。女性が声を上げても、マイノリティみたいな見られ方するんですけど、男性とか経営者とか全然違う立場の人がね、どんどん声を上げる。こういう文化をつくりたい。

杉山　青野さんが男性で声を上げたのは非常に大きかったです。男性で経営者で、声を上げたというインパクトが非常に大きかった。

青野　私も最初その意味がよくわからなくて、なんでこんなにメディアが取材に来てバンバン取り上げるんだろうと思ったんです。新しい切り口で新しい人が声を上げたことでニュースバリューがあった。当事者じゃないからとか引け目感じずに、みんなで声を上げていきたいですね。

杉山　今、経営者の方たちを巻き込んで声を上げる署名活動もされてますよね。

青野　そうです。経営者が政治的な話題を口にするのがタブーみたいに言われてます。聞いてみると、みんな賛成だったりする。社内で、女性が困ってるわけですよ。海外出張の度に困ってる。当事者じゃない人も巻き込んでいくって大事だなと思いましたね。

杉山　ビジネスは会社の社会課題に対するスタンスを発表することも注目される中で、ビジネスフォーマリッジイクオリティをやってますね。

寺原　マリフォーと他の二つの団体、虹色ダイバーシティとＬＧＢＴとアライのための法律家ネットワーク（ＬＬＡＮ）でビジネスフォーマリッジイクオリティというキャンペーンをしています。企業の同性婚に対する賛同表明を見える化していて、現在157企業が結婚の平等への賛同を表明しています。企業としても、社員一人ひとりの私生活が保障されていないことには仕事のパフォーマンスも上がらない。そういう意味でも死活問題ですし、同性婚とか別姓もそうですけど、より法的保護がある国に優秀な人が行ってしまうことが実際に起こっています。

杉山　誰でもホームページから賛同できるんですね。

寺原　企業の大小関係なく受け付けてます。

質問─子どもがかわいそうと思う社会の方を変えていこうというお話がありましたが、今の状況だとなかなか風土は変わらなくて、子どもが攻撃されてしまうことも現実にあり得るんじゃないかと思います。もしお子さんがいじめなりにあったとしたら、どう対処していこうと思っていますか。

久保田 家族をつくる大切な要素が対話だと思っているので、何が起きてどういう風に思ったのか、子どもの気持ちを受け止めていってあげたいなって思います。どういう風に感じてるかによって対応は変わると思うんですけど、必ずきちんと話をしていきたいなって思っています。

杉山 社会にも発信しながら、お子さんともしっかりと。

久保田 そうですね。すごく大切なことだと思ってます。子どもの段階だと自分の気持ちをきちんと表現できない可能性もあるので、辛抱強く話していきたいなと思いますね。

質問―トランスジェンダーで元々女性として生まれて心は男性。そのような場合に、お子さんが20歳になる頃どういった社会になってほしいですか。

杉山 うちの子は0歳と2歳、まだあと20年ぐらいあります。僕自身も子どもにどう育ってほしいかみたいな質問されるんですけど、子どもにどうなってほしいかって僕はあんまりなくて。ただ大人の責任として、この子が何かやりたい、何かになりたいって思ったときに立ちはだかる無駄な壁は取り除いてあげたいなと思います。例えばうちの子が女の子という理由で何かができなかったり、日本人という理由で何かができなかったり、親がＬＧＢＴＱ当事者だから何かができないことがない社会にしておきたい。子どもたちが成人する前に、そういった社会を実現したいなと思っています。

質問――私も特別養子縁組で子どもを育てています。子どもへの真実告知について、現時点でどのようなお考えをお持ちなのかお聞かせください。

久保田　真実告知というのは「あなたには実は産んでくれたお母さんもいるんだよ」「血縁関係はないけど私たちは大切な家族なんだよ」っていう話をすることなんですけれど、今2歳3カ月で、そろそろ始めたいと思っています。絵本の段階で少し始めてはいるんですけれど。そうですね、ポジティブにしたいなと思います。

杉山　「ポジティブに」というのは、具体的に何かイメージがありますか。

久保田　産んだお母さんも断腸の思いで、子どもの幸せを思って別れているわけですから、それぐらい大切に思っている人が、私もあなたのことが大切だけど、もうひとりいるんだよっていうように伝えていきたいなと。それがすごく素晴らしいことなんだって感じてもらえるといいなって、押し付けがましいけど、そういう風に考えてます。

質問――こういった課題は道が果てしなくて、活動する意欲が燃え尽きてしまうようなことはありませんか。

杉山　燃え尽きるどころか、皆さんすごく燃えてらっしゃる。尽きることなく燃えてそうな感じもしますけれどもいかがですか。何かモチベーションみたいなのってありますか。

青野　確かに時間もかかるし、大変は大変です。けれど、ずっと私たちの先輩方はやってきてくれてるわけですから。より良い時代を次の世代へ繋いでいく。できるところまで進化させて次の世代に繋いでいく。そこがモチベーションです。

質問――私も不妊で子育てをしたいけどできなかったので、里親をしてみたいと考えていますが夫婦で一致していません。どのようにパートナーの方と話し合われたんでしょうか。

久保田 私のパートナーは早い段階でそうしようって言ってくれたんです。そこも家族の中で対話を重ねるしかないのかなと思います。

杉山 いつの段階でお子さんができないっていう話をされたんですか。

久保田 結婚するときにしました。プロポーズを受けたときですね。

杉山 プロポーズをされるまでは言うタイミングはなかった？

久保田 付き合って3週間でプロポーズされたのでそれどころじゃなかったんですよ。

杉山　言われたときっていうのは、反応ってのはいかがでしたか。

久保田　とてもポジティブな方で「じゃあふたりで考えていこうか」っていう感じだったんです。自分はこう考えていて、こうしたい、こういう背景があるんだっていう話をして、向こうが嫌だと言うんだったら、その背景には何があるんですかという会話の中で、お互いこうしたいねという着地点を見つけていけるといいんじゃないかって思います。

杉山　インタビュー記事を読んで、パートナーの方の言葉でなるほどと思ったのが「だって智子とも血繋がってなかったし、結婚して家族になったんだよね。子どももともこの制度を使って家族になって、何で血の繋がりがないと家族になれないことがあるんだろう」みたいな言葉です。言われてみると本当にそうだなって。

質問　伝統的な家族が壊れると主張する方たちにどういう伝え方をすれば伝わるでしょうか。

寺原　伝統的な家族観が壊れるっておっしゃってる方って家族を大事にしてると思うんですよね。自分の家族、子ども、その未来を大事に思ってるからこそ崩されたくない。その点、同性カップルも別姓カップルも家族を大事にしたいと思ってる。良い社会をつくろうと思ってる、子どもにとって良い社会をつくろうと思ってる。一致しているんです。違いじゃなくて、共通するところを互いに見つけられるようにお話を持っていく。私自身もはじめは「えっ」て思ったことあったんですけど、そういう態度だと対話が成り立たないので、私も共通点を見つけるようにがんばるし、向こうにもがんばってもらって、そうすると家族が大事ってところがわかりやすい共通点かなと思ってます。

青野　寺原さんのおっしゃる通りだと思います。どっちが良い悪いの話にしないことです。どっちもいいよねって。ラーメンはラーメンでおいしいし、カレーライスはカレーライスでおいしいし、選べたらもっといいよねみたいな。伝統が二個あるともっと楽しいよねと。

寺原　選択肢ってことですよね。

杉山　俺がラーメンなんだからお前もラーメン食えよって言われても、いやカレー食べたいんだけどダメ？っていうことですよね。

青野　どっちもあってね、まさに共通の理想は良い家族つくろうってことだから。どっちもあった方がいいよねっていう、そのあたりで対立に持ち込まない。

杉山　これまでがダメでこれからがいいって話じゃなくて、これまでも良かったし、今後さらに良くするためにもっと選択肢増やしませんかっていうことですよね。

久保田「風土をつくる努力は続けなきゃいけない」っていう点で言うと、風土は今からつくれると思います。法律もつくっていきたいけど風土から始める感覚でもいいような気がすると聞いてて思いました。アライの人とか当事者じゃない人も含めてやらないと、風土って生まれないと思うけれど、風土をつくることはできると思いました。

青野 人間1回染みついた考え方はなかなか変わらない、これが現実と思います。風土って人の考え方ですよね。なので、若い人たちに「いろんな選択肢があるよ。いろんな人が世の中にいて、幸せになればいいよね」っていう考え方を伝えていくことが大事だと思います。年取った人から死んでいく仕組みになってますから。若い人にぜひ、新しい考え方を伝えていきたいです。

声を上げ、世界を変えるためには

杉山 最後に改めて「声をあげる。世界を変える」というテーマの東京レインボープライドの締めのイベントですので、声を上げることでどんな社会を実現したいか、世界を変えていきたいかということと、東京レインボープライドに期待することでメッセージをいただけたらと思うんですけれども。

寺原 残念ながら、まだまだ社会にはいろんな差別がある。差別を受ける側は大体マイノリティですけども、一生懸命何十年もかけて声を上げていかないとそれが変わらないのが現状だと思うんです。別姓訴訟も同性婚訴訟も、訴訟したいわけじゃなくて最後の手段としてやむを得ずしている。それなのにバッシングを受けたり、慎重派の方から厳しい言葉を受けたりする。何かを変えるときには差別を受けてる側が声を上げることが必要なんですけども、一旦声を上げたら、マジョリティ側がすぐにその声を拾って、つらい思いをそれ以上させない。差別されていることだけで十分つらいのに、変えていく過程でさらにつらい思いをする。そういう循環は止める社会になっていったらいいなとすごく思います。

杉山　ＴＲＰがこんなことをやっていったらいいというのはありますか。

寺原　今年のテーマがぴったりで本当にありがたくて、こんなに多く様々な方々が集って意見交換をし、発信をする場を提供していただいてることがすごく大きい力だと思うんです。これを見て下さってる方は何かしら思いがあって見て下さってると思うので、置かれた立場は違うと思うんですけど、できれば静かな応援ではなくて一つ何かアクションを起こしてほしいです。同性婚も絶対実現するし、選択的夫婦別姓も近いうちに絶対に実現する。絶対に実現する未来を1日でも早めるそのときに、自分も具体的に能動的に関与したんだと感じていただきたい。ぜひ一緒に進めていっていただく場にTRPがなっていただければなと思ってます。

杉山 ありがとうございます。今日ご覧いただいてるだけでもそうだと思いますし、これをどなたかにシェアしていただくこともすごく大きなことだと思います。久保田さんお願いします。

久保田 TRPの活動に関してすごく素晴らしいと思うのが、何かを批判する活動じゃないっていう部分なんです。私も今回何を批判するつもりでもなくて、いろんな意見がありますよね。それで伝統的価値観、そういう意見もありますよねっていうようなスタンスでお話ししてきたのが、とても良かったなって思っていて。そうじゃない人も認めてくださいねっていう議論で前向きな発信だとか、お互い応援していこう、支援していこうっていうのを今後もリードしていってほしいなって思ってます。

杉山　ありがとうございます。青野さんもお願いします。

青野　呼んでいただいてありがとうございました。僕、直接ＬＧＢＴＱの問題とあんまり関わってないのに呼んでいただくところに懐の深さというか、あたたかさを感じます。先ほど寺原さんがおっしゃったように、一個変えるのもすごい時間かかってる。でも多分ね、加速していく気がしているんです。一律社会でやってきた、真っ白なところに一個赤い点を打つとものすごい目立っちゃって、赤い点を打って、次に青い点も打って、ぽんぽんいろんな色の世界をのせて楽しいねってことになる。今日はその期待を感じさせてくれる場だと思います。こんなに未来を描ける時代に生まれたことが嬉しい。みんなで一緒に動かしていけたら楽しいなと思います。ありがとうございました。

杉山　今日のお話もこれで終わりというより、ここからまたスタートということでシェアしていただいたり、皆さんから発信していただいたりして、多様な社会をつくっていく。今回の「声をあげる、未来を変える」というテーマで、皆さんもぜひ声を上げていただけたら。みんなで、より良い未来の実現に繫げていきたいと思います。皆さん、本日はありがとうございました！

あとがき　レインボーファミリーの未来へ

「あるちゃんがイヤイヤ期で大変なんですよ……」

モニター越しに杉山文野さんが弱音を吐く姿を何度も見た。昨年、2人目が産まれ、0歳と2歳の幼子を育てながらの執筆は大変だっただろう。杉山さんは、この本以外にも『3人で親になってみた―ママとパパと、ときどきゴンちゃん』を同時並行で書いていた。こちらには子育ての大変さ、3人の親のすれ違いが事細かに記してある。喧嘩したり、話し合ったり。親ふたりでも複雑なのに3人なんてカオスだ。子育ては決してバラ色じゃないし、綺麗事だけでは済まされない。

それでも、子育てを望む人たちがいる。「レインボーファミリー」の情報が少ない日本において、何かの参考になれば、というのがこの本を書いた著者たちの思いだ。

序章で紹介した記事「ゲイとトランスジェンダーと母と子　新しいファミリーが生まれた」の冒頭では、こう書いた。

〝結婚しなくても、子供を育てなくても、幸せになれる。そんなの当たり前だし、個人の自由だ。だけど、最初からその選択肢を奪われているとしたら、どうだろう。どんなに愛し合っていても、結婚したり、子供を産み育てたりすることを、社会から認められていなかったとしたら〟

日本の法律では同性婚は認められておらず、トランスジェンダーが戸籍上の性別を変更するには、手術が不可欠であることなど国際的にも批判される厳しい条件がある。ＬＧＢＴＱカップルが子育てをするには、これらの法制度が高いハードルであり、また、偏見や差別の解消が進まない源にもなっていることは、４章などで指摘した通りだ。

『子どもを育てられるなんて思わなかった』という書名には、どれだけの道のりを歩んできたか、取材した当事者たちの思いを込めた。この本を読んだ皆さんはどう感じただろう。ＬＧＢＴＱ当事者たちに、子育てはできないだろうか。その資格はないだろうか。

女性カップルに育てられ、34歳でフィンランド首相に就任したサンナ・マリン氏は以前、Instagram にこう投稿していた。

「私が少女だった頃、私には不可能はないと思ってました。母親が『あなたは何にでもなれる』と言ってくれたから。だから、私は自分の娘にも、『何でもできる』と毎日伝えています」

取材した当事者家族たちは、子どもたちを宝物だと語った。子育ての素晴らしさにＬＧＢＴＱかそうでないかは関係ない。そして、素晴らしい子育てにも、ＬＧＢＴＱかそうでないかは関係ない。不都合があるとしたら、社会の側にあり、それは社会を構成する私たち一人ひとりが変えていくべきもののはずだ。

最後に、取材に答えてくれた全ての人たちに、心より感謝の言葉を述べさせていただきたいと思います。ありがとうございました。皆さんの言葉と行動が、ＬＧＢＴＱ当事者、レインボーファミリーを含め、より多くの人が生きやすい日本へと変わっていく道筋を照らしてくれると信じています。

著者を代表して　**古田大輔**

本書に掲載されている年齢・肩書き等の内容は刊行当時のものです。

古田大輔（ふるた・だいすけ）
早稲田大学政治経済学部卒。2002年朝日新聞社入社。社会部、シンガポール支局長などを経てデジタル編集部。2015年に退社し、BuzzFeed Japan創刊編集長に就任。3年半で国内有数のネットメディアに。2019年に独立し、株式会社メディアコラボを設立して代表取締役に就任。ジャーナリスト/メディアコンサルタントとして活動。2020年にGoogle News Labティーチングフェロー就任。その他の主な役職に、ファクトチェック・イニシアティブ理事、早稲田大学政治経済学部非常勤講師、NIRA総研上席研究員など。共著に『フェイクと憎悪』（大月書店）など。ニューヨーク市立大学ジャーナリズムスクール“News Innovation and Leadership”修了。

杉山文野（すぎやま・ふみの）
1981年東京都生まれ。フェンシング元女子日本代表。トランスジェンダー。早稲田大学大学院修了。２年間のバックパッカー生活で世界約50カ国＋南極を巡り、現地でさまざまな社会問題と向き合う。現在はNPO法人東京レインボープライド共同代表、渋谷区男女平等・多様性社会推進会議委員などを務める。2018年、ゲイの親友から精子提供を受け、パートナーとの間に２児をもうけたことも話題になった。
著書に『元女子高生、パパになる』（文藝春秋）『3人で親になってみた』（毎日新聞出版）など。

松岡宗嗣（まつおか・そうし）
愛知県名古屋市生まれ。明治大学政治経済学部卒。政策や法制度を中心とした性的マイノリティに関する情報を発信する一般社団法人fair代表理事。ゲイであることをオープンにしながら、HuffPostや現代ビジネス、Forbes、Yahoo!ニュース、文春オンライン等で多様なジェンダー・セクシュアリティに関する記事を執筆。教育機関や企業、自治体等での研修・講演実績多数。共著に『LGBTとハラスメント』（集英社新書）。

山下知子（やました・ともこ）
1977年静岡県浜松市生まれ。京都大学大学院修了。2003年朝日新聞社入社。鹿児島、山口両総局、福岡本部報道センター、東京本社社会部などを経て、2020年から、朝日新聞が発行する教育情報紙EduA編集部。2021年7月から編集長。教育や子育て、発達障害、ジェンダーやセクシュアリティに関連する取材を続けてきた。御朱印集めに夢中の長男、食虫植物が大好きな次男の２児の母。

子《こ》どもを育《そだ》てられるなんて思《おも》わなかった

LGBTQと「伝統的な家族」のこれから

装幀＿＿＿＿ Malpu Design（清水良洋）
本文デザイン＿ Malpu Design（佐野佳子）
イラスト＿＿＿ 小野春

2021年9月10日　第1版第1刷印刷
2021年9月20日　第1版第1刷発行

著　者＿＿＿＿ 古田大輔［編］　杉山文野　松岡宗嗣　山下知子

発行者＿＿＿＿ 野澤武史
発行所＿＿＿＿ 株式会社山川出版社
〒101-0047　東京都千代田区内神田1-13-13
電話｜03-3293-8131（営業）　1802（編集）
https://www.yamakawa.co.jp　振替｜00120-9-43993

印刷所＿＿＿＿ 半七写真印刷工業株式会社
製本所＿＿＿＿ 株式会社ブロケード

Printed in Japan, ISBN978-4-634-15140-6 C0036